CHAQUE PIÈCE, 20 CENTIMES.
18e ET 19e LIVRAISONS.

THÉATRE CONTEMPORAIN ILLUSTRÉ

MICHEL LÉVY FRÈRES, ÉDITEURS,
RUE VIVIENNE, 2 BIS.

HAMLET

PRINCE DE DANEMARK

DRAME EN VERS

EN CINQ ACTES ET HUIT PARTIES

PAR

MM. ALEX. DUMAS ET PAUL MEURICE

REPRÉSENTÉ POUR LA PREMIÈRE FOIS, A PARIS, SUR LE THÉATRE-HISTORIQUE, LE 15 DÉCEMBRE 1847.

DISTRIBUTION DE LA PIÈCE.

HAMLET	MM. ROUVIÈRE.
LE FANTOME DU PÈRE D'HAMLET	CRETTE.
CLAUDIUS, roi de Danemark	GEORGES.
POLONIUS, chambellan	BARRÉ.
LAERTE, son fils	ROSNY.
HORATIO	PEUPIN.
MARCELLUS	ALEXANDRE.
GUILDENSTERN	LINGÉ.
ROSENCRANTZ	MM. ARMAND.
PREMIER FOSSOYEUR	BOILEAU.
DEUXIÈME FOSSOYEUR	CASTEL.
UN COMÉDIEN. — LE PROLOGUE. — GONZAGUE	BEAULIEU.
LUCIANUS. — UN MOINE	BONNET.
GERTRUDE, reine de Danemark	Mmes PAYRE.
OPHÉLIE	PERSON.
BAUTISTA, reine de théâtre	RACINE.

ACTE PREMIER.

PREMIÈRE PARTIE.

La salle du trône au château royal d'Elseneur.

SCÈNE I.

LE ROI, LA REINE, *prenant place sur le trône*, HAMLET, POLONIUS, TOUTE LA COUR.

COURTISANS.

Vive le roi!

LE ROI, *saluant.*

Messieurs, merci.

COURTISANS.

Vive la reine!

LA REINE.

Dieu vous garde, messieurs!

LE ROI.

Je pliais sous la peine
Dont m'accabla la mort d'un frère bien-aimé:
Mais, aujourd'hui, mon front à vos cris ranimé
Se relève, et, malgré ce coup qui le foudroie,
S'éclaircit aux rayons de la publique joie;
Car tout chagrin, si grand qu'il soit au cœur blessé
A son terme ici-bas par la raison fixé!
J'ai donc, d'un cœur joyeux, et qui pourtant soupire
Pour régner avec moi sur ce puissant empire,
Par votre avis, — avis pour moi plein de douceur!
Choisi celle qui fut autrefois notre sœur.
Maintenant que ma main à la sienne est unie
Et que cette union par le prêtre est bénie,
Nous vous remercions, et, si quelqu'un de vous
Réclame grâce ou droit, qu'il s'approche de nous.
A tout juste désir la carrière est ouverte.

POLONIUS, *s'avançant.*

Sire!

LE ROI.

Ah! Polonius! c'est toi!

POLONIUS.

Mon fils Laërte
Sire, arrive de France...

LE ROI.

Il est le bien venu
C'est un cœur noble et franc, un peu vif, mais connu,
S'il nous revient du moins tel qu'il partit naguère,
Pour un bon compagnon — en amour comme en guerre.
Dis-lui que nous aurons grand plaisir à le voir,

POLONIUS.

Oh! sire!

LE ROI, *descendant les degrés du trône.*

Et qu'au souper nous l'attendrons ce soir,

S'approchant d'Hamlet, qui, pâle et vêtu de deuil, s'est tenu jusque-là à l'écart.

Maintenant, cher Hamlet, pourquoi cet air morose,
Mon cousin et mon fils?

HAMLET.

Sire, laissons la chose
Telle qu'il plut à Dieu de la faire : je suis
Plus que votre cousin et moins que votre fils,
Vous le savez.

LA REINE.

Hamlet!

HAMLET.

Que voulez-vous, ma mère?

LA REINE.

Je veux une douleur moins sombre et moins amère.
Que tes regards, sur nous tournés avec amour,
Ne soient point, depuis l'heure où naît l'aube du jour
Jusqu'à celle où des cieux le crépuscule tombe,
Occupés à chercher à tes pieds une tombe!
Hélas! c'est une loi de la fatalité
Que chacun de nos pas mène à l'éternité

HAMLET.

Ce que vous dites là, personne ne l'ignore!

LA REINE.

S'il en est donc ainsi, pourquoi paraître encore
Si triste, si souffrant et si chargé d'ennuis?

HAMLET.

Oh! je ne parais pas, moi, madame, — je suis!
Mon cœur, je vous le dis, ignore toute feinte :
Ce n'est pas la couleur dont cette étoffe est teinte,
Ce n'est point la pâleur de mon front soucieux,
Ce ne sont pas les pleurs qui coulent de mes yeux
Qui peuvent témoigner, croyez le bien, madame!
De l'incessant chagrin qui gémit dans mon âme!
Non, je sais à présent que deuil, larmes, pâleur,
Peuvent n'être qu'un masque à jouer la douleur.

LE ROI.

Hamlet, soyez certain que, le premier, je loue
D'aussi profonds regrets; mais je crois, je l'avoue,
Que ces funèbres soins qu'au père doit son fils
Au delà du devoir vous les avez remplis.
Il est temps de rêver un avenir prospère :
Celui que vous pleurez perdit aussi son père,
Qui, lui-même, frappé par un coup plus ancien,
Dans un jour de douleur avait perdu le sien.
Le devoir filial sans doute veut, en somme,
Un tribut de regrets; mais ce n'est pas d'un homme,
Ce n'est pas d'un chrétien de se débattre ainsi
Sous la main du Seigneur!

HAMLET.

Sire, merci! merci!

LA REINE.

Hamlet, je joins mes vœux aux vœux de votre père.

HAMLET.

Je vous obéirai, — si je le puis, ma mère.

LE ROI.

Ainsi devait répondre un fils tendre et soumis.
Nous vous remercions, Hamlet! — Et vous, amis,
Vous avez entendu quelle bonne promesse
Le prince nous a faite : ainsi plus de tristesse!
Venez, la table vide attend nos chants joyeux,
Que la fanfare est prête à reporter aux cieux,

Sortent le roi et la reine, et derrière eux courtisans et gardes.

SCÈNE II.

HAMLET, *seul.*

Hélas! si cette chair voulait, décomposée,
Se dissoudre en vapeur, ou se fondre en rosée!
Et si l'accord pouvait se rétablir un peu
Entre le suicide et la foudre de Dieu!
Seigneur! Seigneur! Seigneur! qu'elle est lourde, inféconde,
Et qu'elle a de dégoûts la tâche de ce monde!
Fi de la vie! oh! fi! jardin à l'abandon,
Plein de ronce et d'oubli, de deuil et de chardon!
En venir là! Quoi! mort depuis deux mois à peine
Ce roi, qui différait du roi qui nous malmène
Autant que d'un satyre Apollon dieu du jour!
Ce doux roi, pour ma mère épris d'un tel amour
Qu'il allait s'alarmant si la brise au passage
D'un souffle un peu trop rude atteignait son visage!
Mort! — Oh! non! — Ciel et terre! il est mort cependant!
Oui, leur amour semblait chaque jour plus ardent,
Plus avide! Et, voyez! en un mois! chose infâme! —
N'y pensons plus! Ton nom, fragilité, c'est femme!
Un mois! A-t-elle usé seulement les souliers
Qu'elle avait quand, pleurant ses pleurs vite oubliés!
Elle a suivi là-bas le corps du pauvre père?
Quoi! cette Niobé n'a plus de pleurs! Misère!
Un animal enfin, sans raison et sans voix,
Eût gardé sa tristesse à coup sûr plus d'un mois!
Honte et terreur! courir si vite à l'adultère!

Voyant entrer quelqu'un.

Mais brise-toi, mon cœur, ma langue se doit taire!

SCÈNE III.

HAMLET, HORATIO, MARCELLUS, BERNARDO.

HORATIO.

Salut, seigneur!

HAMLET, *l'apercevant, avec joie et surprise.*

Que vois-je? Horatio! c'est toi!

HORATIO.

Arrivé d'hier soir de Wittenberg.

HAMLET.

Eh! quoi!
Sans me l'avoir appris! Enfin! c'est toi! Je t'aime,
Je t'aime, Horatio! vieil ami — de vingt ans!
Car nous avons grandi côte à côte. Heureux temps!
Mais qui t'amène ici? quel projet méritoire?
Tu ne nous quitteras pas qu'expert dans l'art de boire!

HORATIO.

J'étais venu pour voir, monseigneur, le convoi
De votre père.

HAMLET.

Ami, tu te moques de moi !
Dis que c'était pour voir les noces de ma mère !

HORATIO.

Noces bien promptes !

HAMLET.

Oui, calcul de ménagère !
Les restes refroidis du funèbre repas
Au banquet nuptial ont pu fournir des plats.
— Que n'ai-je, avant le jour où l'illusion tombe,
Rejoint mon plus mortel ennemi dans la tombe !
Ah ! mon père ! Ah ! je crois toujours le voir venir !

HORATIO.

Comment !

HAMLET.

Avec les yeux de l'âme, — en souvenir !

HORATIO.

Je l'ai connu ce prince, âme sereine et bonne.

HAMLET.

Tu ne retrouveras, va ! son âme à personne !

HORATIO, *après avoir consulté des yeux Marcellus et Bernardo.*

Monseigneur, je l'ai vu cette nuit-ci, je croi.

HAMLET, *tressaillant.*

Tu l'as vu ! qui ?

HORATIO.

Le roi, votre père !

HAMLET.

Le roi ?
Mon père ?

HORATIO.

Calmez-vous ! Oui, c'était lui, vous dis-je !
Montrant Marcellus et Bernardo.
Ils peuvent attester comme moi le prodige.

HAMLET.

Parle ! pour Dieu ! j'écoute.

HORATIO.

A minuit, lundi soir,
Sur l'Esplanade, à l'heure où tout est calme et noir,
Bernardo, Marcellus étant en sentinelle
Ont vu leur apparaître une Ombre solennelle,
Un guerrier tout armé, majestueux et lent
A passé tout près d'eux, et de son sceptre blanc
Il eût pu les toucher ! — Pas grave, aspect austère.
Et c'étaient bien les traits, le pas de votre père !
Eux, frappés de terreur, immobiles et froids,
L'œil fixe, regardaient, — mais sans souffle et sans voix !
J'arrive, — ils me font part du secret d'épouvante,
Et j'ai voulu veiller près d'eux la nuit suivante !

HAMLET.

Eh ! bien ?

HORATIO.

Ils disaient vrai ! l'Esprit est revenu,
Le même, à la même heure, et je l'ai reconnu.
C'était bien votre père !

HAMLET.

O secrets effroyables !

HORATIO.

C'était lui ! mes deux mains ne sont pas plus semblables.

HAMLET.

Et cela se passait ?

HORATIO,

Sur l'esplanade, hier.

HAMLET.

vous n'avez rien dit à ce spectre si fier?

HORATIO.

Si fait ! moi j'osai dire : « Illusion, arrête !
» Et, si la voix te sert encore d'interprète,
» Si tu peux proférer quelque son, parle-moi !
» S'il faut, pour abréger la peine où je te voi
» Et gagner mon salut, faire du bien sur terre,
» Parle-moi ! Si tu sais quelque effrayant mystère
» Funeste à ce pays qui fut heureux par toi,
» S'il est temps d'éviter un malheur, parle-moi ! »

HAMLET.

Et qu'a répondu l'Ombre ?

HORATIO.

Oh ! rien ! toujours muette !
Il m'a semblé pourtant qu'elle levait la tête,
Et qu'elle allait parler... mais le coq matinal
A jeté son chant clair, et, prompte à ce signal,
Elle s'est échappée et n'est plus revenue !

HAMLET.

Mystère étrange !

HORATIO, *vivement.*

Oui, mais vérité reconnue !
Songez-y, monseigneur ! et nous avons pensé
Que vous deviez savoir ce qui s'était passé.

HAMLET, *à part.*

O mon cœur ! voilà bien d'autres sujets d'alarmes !
A Bernardo et à Marcellus.
Gardez-vous ce soir ?

MARCELLUS.

Oui.

HAMLET.

Le spectre était en armes ?

HORATIO.

Oui.

HAMLET.

De la tête aux pieds ?

HORATIO.

De pied en cap.

HAMLET.

Or donc,
Vous n'avez pas pu voir son visage ?

HORATIO.

Pardon !
La visière du casque était levée.

HAMLET.

Et l'Ombre
Avait l'air menaçant ?

HORATIO.

Non pas menaçant, — sombre.

HAMLET.

Rouge ou pâle ?

HORATIO.

Très-pâle.

HAMLET.

Et l'œil fixé sur vous ?

HORATIO.

Constamment.

HAMLET.

Si j'avais été là !

HORATIO.

Comme nous,
Vous eussiez frissonné !

HAMLET.

Je le crois, et sans peine !
Et l'Esprit est resté ?...

HORATIO.

Le temps, sans perdre haleine,

De compter jusqu'à cent.

MARCELLUS.

Plus longtemps, compagnon.

HORATIO.

Pas lorsque je l'ai vu !

HAMLET.

La barbe noire ?

HORATIO.

Non,
Comme de son vivant, épaisse et blanchissante.

HAMLET.

Je veillerai ce soir, et, s'il se représente !...

HORATIO.

Soyez sûr qu'il viendra !

HAMLET.

S'il prend le front sacré
Du père que je pleure, oh ! je lui parlerai !

HORATIO.

Prince !

HAMLET.

Je descendrai jusqu'au fond du mystère !
Oui ! dût l'enfer béant m'ordonner de me taire !
Oui ! dussé-je sortir des mornes entretiens,
La barbe et les cheveux aussi blancs que les siens !

HORATIO.

Songez !...

HAMLET.

Et vous, amis, quelque événement sombre
Qu'amène cette nuit, que paraisse ou non l'Ombre,
Qu'elle parle ou se taise, au nom de l'amitié,
Gardez-moi ce secret dont vous portez moitié.

HORATIO.

Prince, comptez sur nous.

HAMLET.

Je saurai reconnaître
Votre zèle. C'est bien! A minuit ! J'y veux être.

HORATIO.

Nos devoirs, monseigneur.

HAMLET.

Eh ! non, pas de devoir !
Votre amitié ! la mienne est à vous! — A ce soir.

Sortent Horatio, Bernardo et Marcellus.

SCÈNE IV.

HAMLET, *seul.*

Le spectre de mon père en armes ! doute ! abîme !
Est-ce que tout ceci cacherait quelque crime ?
Oh ! quand sera-t-il nuit ! Jusque-là, paix, mon cœur ! —
On cache les forfaits; mais le destin moqueur,
Fussent-ils enfouis sous la terre où nous sommes,
Les traîne tout honteux aux yeux surpris des hommes,
Et nous montre, une nuit, quelque spectre sanglant,
Le poison dans la main, ou le poignard au flanc !

SCENE V.

HAMLET, OPHÉLIE.

HAMLET, *à part.*

Ophélie !

OPHÉLIE, *voulant se retirer.*

Oh ! pardon !

HAMLET, *quittant son air sombre.*

Pardon d'être jolie,
Et de me rendre fou d'amour, chère Ophélie?
Est-ce cela ?

OPHÉLIE.

Non, mais de venir, monseigneur,
Vous déranger, alors que peut-être...

HAMLET.

En honneur !
Vous avez là, madame, une terreur étrange. —
Quelle nouvelle aux cieux, dites-moi, mon bel ange?

OPHÉLIE.

Monseigneur, je cherchais...

HAMLET.

Que ce soit tel ou tel,
Celui que vous cherchez est un heureux mortel.
Pourquoi n'est-ce point moi ?

OPHÉLIE.

Seigneur, c'était mon frère,
De France revenu tout exprès pour distraire
Votre ennui.

HAMLET.

Mon ennui ! Je suis gai, sur ma foi !
Mais c'est peut-être aussi parce que je vous voi.

OPHÉLIE.

Vous plaisantez toujours, monseigneur!

HAMLET.

Sur mon âme!
Je n'ai point l'esprit fait à plaisanter, madame.
Je dis ce que je pense et sens ce que je dis.
Les damnés quelquefois rêvent du Paradis !
C'est un tourment de plus.

OPHÉLIE.

Si je pouvais vous croire !

HAMLET.

Croyez-vous que l'aveugle errant dans la nuit noire
Désire un pur rayon de l'astre radieux
Dont la sublime flamme étincelle à nos yeux ?
Croyez-vous, haletant, quand le nageur succombe
Et se sent engloutir dans son humide tombe,
Croyez-vous qu'il désire un rivage enchanté,
Par le printemps, la vie et la joie habité? —
Moi, je suis cet aveugle à la démarche errante,
Moi, je suis ce nageur à l'haleine mourante,
Et pour moi, votre amour, rayon doux et vermeil,
Serait plus que la vie et plus que le soleil.

OPHÉLIE, *joyeuse.*

Oh ! monseigneur Hamlet, voyez, je vous écoute
D'un visage joyeux ! — mais le doute ! le doute !

HAMLET.

Je croyais que tout ange avait ce don vainqueur
De suivre la parole au plus profond du cœur.
Mais, puisque votre esprit dans le doute s'arrête,
Ce que je vous disais, eh ! bien, je le répète,
Et, si vous soupçonniez de trahison Hamlet...

Il s'assied à une table et écrit rapidement quelques lignes.

Regardez son front pâle, et lisez ce billet.

Il remet le billet à Ophélie, la salue et sort.

SCENE VI.

OPHÉLIE, *seule et lisant.*

« Doutez qu'au firmament l'étoile soit de flamme,
» Doutez que dans les cieux marche l'astre du jour,
» La sainte vérité, doutez-en dans votre âme !
» Doutez de tout enfin, mais non de mon amour !

SCENE VII.

OPHÉLIE, LAERTE, *puis*, POLONIUS.

OPHÉLIE, *apercevant Laerte et cachant le billet.*

Mon frère !

LAERTE.

Qu'avez-vous, et quelle est cette lettre
Que vous cachez, ma sœur ?

OPHÉLIE.

Oh ! monsieur parle en maître
Ce me semble !

LAERTE.

Non pas ! non, je parle en ami
Qui ne sait ce que c'est que d'aimer à demi,
Et qui tremble toujours que sa sœur adorée
Ne perde une des fleurs dont sa tête est parée.
Dites, lorsque j'entrai, quelqu'un sortait d'ici ?

OPHÉLIE.

Je vous répondrai franc, si vous parlez ainsi.
Celui-là qui sortait c'est le prince lui-même.

LAERTE.

Et que vous disait-il ?

OPHÉLIE.

Il me disait — qu'il m'aime.

LAERTE.

Et vous, vous avez cru?...

OPHÉLIE.

L'aurore croit au jour,
Et la fleur à la brise, et la femme à l'amour.

Entre Polonius, qui reste d'abord à l'écart.

LAERTE.

Ah ! pauvre enfant, hélas ! ignorante et crédule !
Un prince, sachez-le, ne se fait pas scrupule
De jurer ses grands dieux qu'il aime et va mourir
Si d'un amour pareil on ne veut le guérir.
Puis, le prince guéri, le prince et sa parole,
Ainsi qu'une vapeur, tout fuit et tout s'envole !

POLONIUS, *s'avançant.*

Que lui dis-tu donc là ?

LAERTE.

Rien, — seulement qu'Hamlet,
Tout prince qu'il se dit, tout mon maître qu'il est,
Si par hasard ma sœur était par lui trompée,
Verrait bien qu'au fourreau ne tient pas mon épée !

OPHÉLIE.

Mon frère !

LAERTE.

C'est ainsi !

POLONIUS.

Qu'est-ce donc que j'entends ?
Au fait, je m'aperçois que depuis quelque temps
Le prince autour de toi tourne, plus qu'à ton âge
Ne devrait le permettre une personne sage.

OPHÉLIE, *avec joie.*

Le prince ! vous croyez ?

POLONIUS.

C'est bien, nous parlerons
De tout cela demain : puis, après... nous verrons ;
Car, ce soir, il nous faut, Laerte, à l'instant même,
Nous rendre auprès du roi qui nous attend.

OPHÉLIE, *à part.*

Il m'aime !

LAERTE.

A demain donc, ma sœur ! Mon père, me voilà.

POLONIUS, *à Ophélie.*

Eh ! bien ? vous n'allez point, j'espère, rester là !
Dans votre appartement, allons, belle amoureuse,
Rentrez !

Il sort avec Laerte.

OPHÉLIE.

Il m'aime ! il m'aime ! oh ! que je suis heureuse !

DEUXIEME PARTIE.

Plate-forme devant le château. La nuit.

SCENE I.

MARCELLUS *veillant,* HAMLET *et* HORATIO *entrant*
L'OMBRE.

HORATIO.

Le vent est âpre, et coupe en sifflant le visage.

HAMLET.

Est-il minuit ?

HORATIO.

Bientôt

HAMLET.

C'est l'heure.

Fanfares et bruit d'orgie dans le château

HORATIO.

Quel tapage !

HAMLET.

A force de flambeaux, de coupes et de bruit,
Le roi veut défier le silence et la nuit !

Une horloge lointaine sonne minuit.

HORATIO.

Ecoutez, monseigneur !

HAMLET.

Qu'est-ce encor ?

HORATIO.

Minuit sor
Le spectre va venir, sans doute.

HAMLET.

Je frissonne !

HORATIO.

Regardez, monseigneur.

HAMLET.

Quoi ?

HORATIO.

Le spectre !

HAMLET.

Où ?

HORATIO, *montrant du doigt l'Ombre qui paraît au douzième coup.*

Là ! là !

HAMLET.

Anges du ciel, à moi ! le voilà ! le voilà !
A l'Ombre.
Que tu sois protégé par un pouvoir céleste
Ou vomi par l'enfer, que dans un but funeste,
Ou que par charité tu viennes m'appeler,
La forme où tu parais m'oblige à te parler.

Tirant son épée pour l'adjuration.

Père, Hamlet, majesté, roi, Danois, je t'adjure !
Le doute est trop affreux ! réponds, sombre figure.
Enfermé dans la mort, pourquoi ton corps bénit
A-t-il fait éclater sa prison de granit?
Comment, ouvrant pour toi ses lourds battants de pie
La tombe, où se ferma sans réveil ta paupière,
T'a-t-elle rejeté, béante, parmi nous ?

Qu'est-ce que tout ceci ? Pourquoi, spectre jaloux,
Aux rayons de la lune et couvert d'une armure,
Fuis-tu la nuit hideuse ? et nous, fous de nature,
Pourquoi nous plonges-tu dans des pensers d'effroi,
Qui passent de si haut nos âmes en émoi ?
Réponds! que me veux-tu ? parle ! que dois-je faire ?
Un signe de l'Ombre.

HORATIO.

Du doigt il vous appelle et semble avoir affaire
A parler à vous seul.

HAMLET.

Oui, son geste invitant
Me montre cet endroit plus retiré.

HORATIO.

Pourtant,
Restez !

HAMLET.

Mais si je reste, alors, il va se taire.
Je le suivrai !

HORATIO.

Seigneur !

HAMLET.

Qu'ai-je à perdre sur terre ?
Ma vie ? ah ! je vous dis qu'une épingle vaut mieux !
Mon âme ? elle est la fille immortelle des cieux
Tout aussi bien que lui ! que peut-il donc contre elle ?
Un signe encor, j'y vais.

HORATIO.

Mais si sa main cruelle
Du sommet de ce roc penché terriblement,
Vous pousse, monseigneur, dans le gouffre écumant ;
Si tout à coup, prenant un visage plus sombre,
Quelque aspect effrayant, surhumain, — oh ! si l'Ombre
Saisit votre raison, vous renvoie insensé !
Songez ! la tête tourne, un vertige glacé
Vous prend, rien qu'à plonger sur cette mer profonde,
Rien qu'à prêter l'oreille au bruit sourd de cette onde,
Nouveau signe de l'Ombre.

HAMLET.

Encore ! je te suis.

HORATIO, *le retenant.*

Oh ! non !

HAMLET.

Laissez !

HORATIO.

Pardon !
Je ne puis !

HAMLET.

Mon destin m'a crié : — mais va donc !
Et rend dans tout mon corps chaque artère animée
Plus forte que les nerfs du lion de Némée !
Oui, j'y vais.
Se dégageant des mains d'Horatio et de Marcellus.
Lâchez-moi ! Par le ciel ! qu'un de vous
Me retienne, et j'en fais une Ombre ! Laissez-nous !
Sur le geste impérieux d'Hamlet, Horatio et Marcellus se retirent.

SCENE II.

HAMLET, L'OMBRE.

HAMLET.

Maintenant, parle-moi. Nous sommes seuls : demeure !

L'OMBRE.

Écoute bien.

J'écoute.

L'OMBRE.

Elle va sonner l'heure
Où je dois retourner aux gouffres sulfureux,
Aux bûchers dévorants.

HAMLET.

Pauvre âme ! c'est affreux !

L'OMBRE.

Oh ! garde ta pitié : mais grave dans ton âme
Mes révélations.

HAMLET.

Oui, certe ! en traits de flamme !

L'OMBRE.

Et que le mot *vengeance* y soit de même écrit
Lorsque j'aurai parlé.

HAMLET, *étonné.*

Comment ?

L'OMBRE.

Je suis l'Esprit
De ton père ! la nuit, errant — c'est la sentence!
Et consumé, le jour, des feux de pénitence
Jusqu'à ce que la flamme ait enfin épuré
Les fautes où, vivant, je me suis égaré.—
Secrets de ma prison ! ah ! si je pouvais dire
Ce que là-bas je souffre et quel est mon martyre !...
Mais vous n'êtes pas faits, mystères éternels,
Pour l'oreille de l'homme et les regards charnels !
— Écoute ! écoute ! écoute ! Aimais-tu bien ton père ?

HAMLET.

O ciel !

L'OMBRE.

Tu voudras donc venger sa mort, j'espère !
Un meurtre infâme !

HAMLET.

Un meurtre ?

L'OMBRE.

Infâme ! ils le sont tous !
Mais le mien, exécrable, inouï jusqu'à nous,
Les dépasse en horreur !

HAMLET.

Hâte-toi de conclure,
Et la pensée ailée aura moins prompte allure
Que ma vengeance.

L'OMBRE.

Bien ! — On a su propager
Le bruit que je dormais sur un banc du verger,
Quand un serpent m'avait piqué. — Mensonge insigne!
Qui fait que le Danois à ma mort se résigne.
Écoute ! le dragon dont le venin mortel
Tua ton père, — il a son trône !

HAMLET.

Juste ciel !
O les pressentiments de mon âme ! ô mystère !
Mon oncle ?

L'OMBRE.

Oui ! Ce démon, d'inceste et d'adultère,
Par son esprit magique et les dons de l'enfer,
Esprit et dons maudits, mais sûrs de triompher !
Fit consentir ma reine à ses désirs infâmes.
Elle que je croyais chaste parmi les femmes, —
Oh ! quelle chute, Hamlet ! — Hamlet, de mon amour
Digne comme à l'autel, saint comme au premier jour,
De moi qui vivais pur et la main dans la sienne,
Tomber à ce maudit ! préférer à la mienne
Cette âme de rebut ! et, folle de désir,
Demander à l'inceste un monstrueux plaisir ! —

Mais l'air frais du matin me frappe le visage,
Achevons. — Je dormais donc, selon mon usage,
Sur un banc du jardin d'ombrages entouré,
Quand ton oncle vers moi, frère dénaturé!
Se glissa lentement, muni de jusquiame,
Poison sûr qui passa de ma lèvre à mon âme!..
C'est ainsi que pendant mon sommeil, en un jour,
Mon frère me vola couronne, vie, amour:
Et, pécheur, je mourus sans prêtre ni prière,
Sans extrême-onction, sans regard en arrière,
Et comparus devant le Seigneur irrité,
Chargé de tout le poids de mon iniquité!

HAMLET.

Horrible! horrible! horrible! ô comble de l'horrible!

L'OMBRE.

Pourras-tu le souffrir, à moins d'être insensible?
Laisseras-tu le lit royal de tes aïeux
A la luxure infâme, à l'inceste odieux?...
Pourtant, quelque dessein que couve ta colère,
Ne vas pas te souiller du meurtre de ta mère.
Laisse son jugement au Dieu maître et vainqueur,
Et sa peine au remord qui lui ronge le cœur! —
Adieu! Je dois partir: à mes yeux se dérobe
Le feu pâle et glacé des vers luisants; c'est l'aube.
Adieu, mon fils, adieu! — Souviens-toi! souviens-toi!

L'ombre disparaît.

SCENE III.

HAMLET, *seul.*

O légions du ciel! sol qui tremble sous moi!
Enfer toujours béant pour l'assassin! — Silence!
Fais silence, mon cœur! Vous, point de défaillance,
Mes muscles! prêtez-moi votre plus ferme appui!
Il m'a dit: Souviens-toi! — Pauvre chère âme! oh! oui,
Oui, tant que le passé dans ce cœur pourra vivre,
Oui, je me souviendrai! Soyez rayés du livre
De ma mémoire, vous, rêves froids et mesquins,
Vulgaires souvenirs, sentences des bouquins,
Conquêtes sans valeur de l'étude frivole,
Vaines impressions d'une jeunesse folle,
Soyez rayés! J'écris sans mélange insolent
L'ordre seul de mon père au registre tout blanc,
Et j'en efface tout! — jusqu'à l'amour fécond
Qui seule à mes regards pouvait dorer le monde
Et parfumer mon cœur à tant de maux offert,
Comme fait un beau lis éclos dans un désert!
Adieu donc au bonheur, adieu, mon Ophélie!
Un seul désir me presse, un seul serment me lie. —

Tirant ses tablettes.

Mes tablettes? Notons qu'on peut, la rage au sein,
Sourire, et, souriant, n'être qu'un assassin.
En Danemark, du moins, ce n'est pas chose insigne.

Il trace un mot sur ses tablettes et frappe dessus.

Vous êtes là, cher oncle! A présent ma consigne:
« *Adieu, mon fils, adieu! Souviens-toi!* » J'ai juré!

SCENE IV.

HAMLET, HORATIO et MARCELLUS, *rentrant.*

HORATIO, *appelant.*

Seigneur!

MARCELLUS.

Seigneur Hamlet!

HAMLET.

Et je me souviendrai!

HORATIO.

Puis-je approcher, seigneur?

HAMLET.

Oui, viens. Viens donc, te dis-je!

Horatio et Marcellus s'approchent.

MARCELLUS.

Eh! bien?

HORATIO.

Qu'arrive-t-il, monseigneur?

HAMLET.

Un prodige!
Mais, sans plus de détails, il serait à propos
De nous serrer la main et d'aller en repos
Chacun à notre gré; — vous, soit à votre affaire,
Soit à votre penchant: chaque homme a, dans sa sphère,
Une affaire à finir, un penchant à choyer!
Je n'ai ni l'un ni l'autre; aussi, vais-je prier!

HORATIO.

Comme votre langage est étrange, équivoque!

HAMLET.

Hélas! je suis fâché, bien fâché qu'il vous choque.

HORATIO.

Oh! je ne vois pas là d'offense, monseigneur.

HAMLET.

Si fait! par saint Patrick! j'offense votre honneur
En gardant mon secret. Mais ma voie est étroite,
Ne m'en veuillez donc point. Si ce que ma main droite
Vient de résoudre était connu de l'autre main,
Oui, je la trancherais moi-même avant demain!
Maintenant, chers amis, bons compagnons de classe,
De guerre et de plaisirs, je requiers une grâce.

HORATIO.

Ordonnez, monseigneur

HAMLET.

Ne révélez jamais
Ce qu'aujourd'hui vos yeux ont vu.

HORATIO et MARCELLUS.

Je le promets.

HAMLET.

Faites-en le serment.

HORATIO.

Sur l'honneur, je le jure!

MARCELLUS.

Je le jure!

HAMLET.

Jurez sur mon épée!

HORATIO.

Injure!
Monseigneur! deux serments pour des cœurs assurés!

HAMLET.

N'importe! sur ce fer, allons, jurez.

L'OMBRE, *sous terre.*

Jurez!

HAMLET.

L'entendez-vous?

HORATIO, *tremblant.*

Seigneur, changeons un peu de place,
Venez ici.

HAMLET, *étendant l'épée.*

Posez-là vos deux mains, de grâce!
Sur mon glaive et l'honneur, à jamais vous tairez
Ce que vous avez vu?

HORATIO.

Que veut dire ceci? Dieu profond!

HAMLET.

Oui, la terre
Et le ciel, mes amis, cachent plus d'un mystère
Que la philosophie encor n'a pas rêvé.
Revenons là. Chacun de nous soit préservé
Par la grâce! — Écoutez. Peut-être ma conduite
Sera-t-elle bizarre, étrange par la suite.
Peut-être je feindrai l'égarement des fous! —
En me voyant alors, messieurs, promettez-vous
De ne pas secouer la tête de la sorte,
Ni de croiser ainsi les bras, disant : — *N'importe!*
Nous connaissons la cause! ou bien : *Si l'on voulait*
Dire ce qu'on a vu! Si l'un de nous parlait!
Ou bien : *Feinte folie!* ou telle autre parole
Laissant à présumer que vous avez un rôle
Dans ma vie inconnue? Oui, vous me l'assurez,
Chers amis? pas un mot! pas un souffle!

L'OMBRE, *sous terre.*

Jurez!

HORATIO *et* MARCELLUS.

Nous jurons!

HAMLET, *remettant son épée au fourreau.*

Calme-toi, là-bas, pauvre âme en peine!
Ainsi, j'ai pour garant votre amitié. La mienne
Se fie à vous, messieurs, de tout cœur, et, si peu
Que puisse faire Hamlet, avec l'aide de Dieu,
Pour prouver l'union sainte qui nous rassemble,
Pauvre homme, il le fera! Venez, rentrons ensemble,
Rentrons. — Toujours le doigt sur vos lèvres, amis!
Quelque événement sombre à nos temps est promis.
Mais pourquoi le Seigneur pour servir sa colère
Prend-il donc un mortel? quand il a le tonnerre!

ACTE DEUXIÈME.

Une chambre dans le château.

SCENE I.

POLONIUS, *assis, lisant la lettre d'Hamlet,* OPHÉLIE.

OPHÉLIE, *entrant vivement.*

Mon père!

POLONIUS.

Qu'est-ce donc? et qui vous trouble ainsi?

OPHÉLIE.

Oh! si vous saviez!

POLONIUS.

Quoi?

OPHÉLIE.

Sommes nous seuls ici?

POLONIUS.

Oui. Qu'est-il arrivé?

OPHÉLIE.

J'étais en train de coudre
Quand le seigneur Hamlet, — mon Dieu! quel coup de foudre!
Nu tête, haletant et les cheveux épars,
Son pourpoint déchiré, tremblant, les yeux hagards,
Les genoux se heurtant, et pâle! — oh! ce front pâle
Rapportait de l'enfer quelque terreur fatale! —
Dans ma chambre est entré.

POLONIUS.

Fou par amour pour toi!

OPHÉLIE.

Mon père, je ne sais, mais vraiment, je le croi!
Me serrant le poignet, il s'écarte, il s'arrête,
Ramène ainsi sa main au-dessus de ma tête,
Et, rêveur, analyse et parcourt tous mes traits,
Comme s'il eût voulu les dessiner.

POLONIUS.

Après?

OPHÉLIE.

Il a gardé longtemps cette morne attitude,
Balançant son haut front avec inquiétude
Et secouant mon bras. Enfin, il a poussé
Un soupir si profond, que tout son corps brisé
A pensé défaillir sous cet effort.

POLONIUS, *stupéfait.*

C'est drôle!

OPHÉLIE.

Puis, la tête tournée ainsi vers son épaule,
Il est sorti, du pas d'un être surhumain
Qui sait bien sans regard retrouver son chemin!
Et, tout fixant ses yeux sur moi d'étrange sorte,
Lentement, sans y voir, il a gagné la porte.

POLONIUS.

Pure extase d'amour! à mon tour, je le croi!
C'est bien la passion! — je vais tout dire au roi! —
La folle passion, fléau mortel des hommes,
Qui se ronge elle-même, et, tous tant que nous sommes,
Du désespoir nous pousse au sombre égarement!
Ne l'as-tu pas aussi traité trop durement?

OPHÉLIE.

Je n'ai fait qu'obéir à votre ordre suprême,
Mon père : ce matin, vous m'avez dit vous-même
Que j'étais en danger près du seigneur Hamlet
Et devais de sa part refuser tout billet, —
Même en vous le montrant! Il m'en a fait remettre
Un autre, et, sans l'ouvrir, j'ai renvoyé sa lettre.

POLONIUS.

Bélitre que je suis! oh! mon Dieu! c'est cela!
Je me suis trop pressé, c'est ma faute, voilà!
Pourquoi l'ai-je jugé d'un coup d'œil si rapide!
J'ai cru qu'il s'amusait de toi! soupçon stupide!
Les jeunes vont chercher leur perte étourdiment,
Mais, vieux, nous échouons, nous, par discernement.
— Le roi! — Sors, chère enfant, je ne vais rien lui taire.

OPHÉLIE.

Cependant, ménagez votre fille, mon père!

POLONIUS.

Oui, mais nous répondons de son royal neveu,
Et le silence a plus de dangers que l'aveu.

Ophélie sort; Polonius reste à la porte.

SCÈNE II.

LE ROI, LA REINE, GUILDENSTERN, ROSENCRANTZ, POLONIUS.

LE ROI.

Rosencrantz, Guildenstern, c'est Dieu qui vous envoie
Pour rendre à notre Hamlet la raison et la joie!
Ah! vous ne l'allez pas reconnaître aujourd'hui.
Ame et visage, hélas! en lui, rien n'est plus lui.
Ce qui le trouble tant, c'est la mort de son père,
Pas d'autre cause! — non, pas d'autre, je l'espère! —
Vous, mes amis, enfants, vous partagiez ses jeux,
Jeunes gens, ses plaisirs, ses goûts plus orageux.
Restez, pour réveiller la joyeuse folie

Dans cet esprit qui meurt fou de mélancolie,
Et découvrez le mal qui le fait dépérir,
Pour qu'avertis par vous, nous le puissions guérir.

LA REINE.

Hamlet parle de vous, chers messieurs à toute heure.
Votre part dans son cœur est toujours la meilleure,
Demeurez, aidez-nous de vos soins éclairés,
Et ce que tient un roi dans ses mains, vous l'aurez.
Eh! bien? nous restez-vous?

ROSENCRANTZ.

Oh! vous êtes la reine,
Et votre volonté, madame, est souveraine!

GUILDENSTERN.

Vous, madame, prier! commandez, nous voici!

LE ROI.

Cher Guildenstern, et vous, Rosencrantz, oh! merci.

LA REINE.

Cher Rosencrantz, et vous, Guildenstern, mille grâces!
Que le ciel rende ici vos efforts efficaces!
Vous irez voir bientôt mon Hamlet, n'est-ce pas?

GUILDENSTERN.

Nous allons le trouver, madame, de ce pas!
Les deux jeunes gens sortent.

SCÈNE XII.

LE ROI, LA REINE, POLONIUS.

POLONIUS.

A mon tour, monseigneur! une bonne nouvelle!

LE ROI.

En annoncez-vous d'autre?

POLONIUS.

Ah! vous savez mon zèle.
Je mets au même rang, monseigneur, croyez-moi,
Mes devoirs envers Dieu, mon dévouement au roi.
Or, à moins qu'une fois mon esprit perspicace
Ne se trouve en défaut, je crois, toujours sagace,
Savoir à point nommé pourquoi le prince est fou.

LE ROI.

Oh! parlez! parlez vite!

POLONIUS.

Allant sans savoir où,
Si j'allais disserter, sire, en votre présence
Sur le pouvoir suprême et sur l'obéissance,
Sur la nuit, sur le jour, sur le temps, — sans nul fruit
Ce serait gaspiller le temps, le jour, la nuit!
Or, la concision de l'esprit étant l'âme,
Je vous dirai donc, sire, — écoutez-moi, madame!
Qu'il faut saisir d'abord la cause de l'effet,
Ou la cause plutôt de cet esprit — défait;
Car l'effet — qui défait cet esprit — a sa cause. —
Or, voici maintenant le vrai sens de la chose :
J'ai ma fille : je l'ai, car elle m'appartient;
Et la docile enfant que le devoir contient
A remis ce billet entre mes mains fidèles :
Lisant.
« A mon ange Ophélie, à la reine des belles. »
Reine des belles! Peuh! vulgaire compliment!

LA REINE.

Est-ce écrit par Hamlet?

POLONIUS.

Par lui-même, oui, vraiment!
Il lit.
« Doutez qu'au firmament l'étoile soit de flamme
» Doutez que dans les cieux marche l'astre du jour,
» La sainte vérité doutez-en dans votre âme!
» Doutez de tout enfin, mais non de mon amour!
» Mon cœur pour moi n'est point un thème à poésie,
» Je ne mets pas mes pleurs en vers de fantaisie,
» Mais laissez-moi vous dire humblement, simplement
» Je vous aime d'amour, je vous aime ardemment,
» Et, jusqu'à ce que l'âme à mon corps soit ravie,
» Cet Hamlet qui vous parle est à vous, chère vie!
» Hamlet! »
Montrant la lettre.
Voyez plutôt. — Ma fille avant ce jour,
M'avait appris déjà, du reste, cet amour.

LE ROI.

Ophélie a donc mal accueilli son hommage?

POLONIUS.

Comment me jugez vous?

LE ROI.

Mais loyal, probe et sage.

POLONIUS.

Me jugeant donc ainsi, qu'eussiez vous dit de moi
Si j'avais accepté cet amour sans effroi?
Si j'avais fait mon cœur à mon honneur rebelle?
Oh! que non pas! J'ai dit nettement à la belle :
Le prince Hamlet n'est pas de ta sphère, bijou,
Et tu vas sur-le-champ t'enfermer au verrou,
Et me tout repousser, et cadeaux et grimoire!
— Elle l'a fait! et lui, pour abréger l'histoire,
La tristesse l'a pris, ensuite le dégoût,
Ensuite l'insomnie, et puis l'ennui de tout,
Et puis le désespoir, puis enfin la folie
Où son cœur naufragé se débat et s'oublie!

LE ROI *à* LA REINE.

Est-ce que vous croyez?

LA REINE.

C'est possible en effet.

POLONIUS.

Quand m'est-il arrivé d'avancer quelque fait
Qui se soit trouvé faux?

LE ROI.

Je ne sais, à vrai dire.

POLONIUS, *montrant alternativement sa tête et ses épaules*

Faites sauter ceci de dessus cela, sire,
Si je vous ai trompé! J'irais, lorsque j'y suis,
Chercher la vérité jusqu'au fond de son puits.

LE ROI.

Mais des preuves?

POLONIUS.

Le prince en cette galerie
Aime à rêver. Cachés par la tapisserie,
Nous lui dépêcherons ma fille quelque jour,
Et nous écouterons. S'il n'est fou par amour,
Retirant à l'état son appui le plus ferme,
Vous pourrez m'envoyer diriger une ferme.

LE ROI.

Soit! essayons.

LA REINE, *regardant vers la porte.*

Hamlet! toujours sombre mon Dieu!
Il s'avance en lisant.

POLONIUS.

Éloignez-vous un peu.
Laissez-moi d'abord seul le sonder, je vous prie,
Et je vous en rendrai bon compte, je parie.
Sortent la Reine et le Roi.

SCÈNE IV.

POLONIUS, HAMLET, *lisant.*

POLONIUS.

Comment va monseigneur Hamlet?

HAMLET.

Bien, Dieu merci!

POLONIUS.

Est-ce que monseigneur ne me remet pas?

HAMLET.

Si!
Vous êtes un marchand de poisson.

POLONIUS.

Sur ma tête!
Vous vous trompez!

HAMLET.

Tant pis! Vous seriez plus honnête.

POLONIUS.

Plus honnête?

HAMLET.

Et, mon cher, être honnête, aujourd'hui,
C'est bien être trié sur dix mille.

POLONIUS.

Hélas! oui,
La chose est trop réelle!

HAMLET.

Avez-vous une fille?

POLONIUS, *à part.*

Il y tient!
(*Haut.*)
Oui, seigneur.
(*A part.*)
Pauvre esprit qui vacille!
Me croire, ah! c'est fort drôle! un marchand de poisson.
Le mal est sérieux. Pas l'ombre de raison!
Au fait, je m'en souviens, dans mes jeunes années,
L'amour m'a fait passer de cruelles journées,
Et mes maux quelquefois approchaient de ses maux.
(*Haut.*)
Que lisiez-vous, seigneur?

HAMLET.

Des mots, des mots, des mots!

POLONIUS.

Mais le sujet du livre?

HAMLET.

Oh! pure calomnie!
Le satirique assure, en sa pauvre ironie,
Que les vieux sont ridés, que leurs cheveux sont gris,
Que l'ambre coule à flot de leurs yeux appauvris,
Que leur esprit est faible et leur jarret débile, —
Vérités dont je jure aussi, sans être habile!
Mais qu'il est malséant d'écrire, selon moi;
Car, enfin, vous auriez mon âge, que je croi,
Si vous pouviez, du temps fuyant les maléfices,
Marcher à reculons, — comme les écrevisses.

POLONIUS, *à part.*

C'est fou! mais sa folie a du sens par lambeau.
(*Haut.*)
Voulez-vous changer d'air?

HAMLET.

Où donc? dans mon tombeau?

POLONIUS, *à part.*

C'est un moyen, au fait! la réponse est sentie!
Les fous trouvent parfois certaine répartie
Que l'esprit le plus sain n'inventa pas toujours.
Quittons-le. Mais il faut, certes, qu'un de ces jours,
Par quelque circonstance habilement prévue,
Entre ma fille et lui j'amène une entrevue.
(*Haut.*)
Je prends très-humblement congé de vous, seigneur.

HAMLET.

Prenez, monsieur, prenez! je ne puis, en honneur!
Vous abandonner rien d'une âme plus ravie,
A part ma vie! à part ma vie! à part ma vie!

POLONIUS.

Adieu donc, monseigneur.

HAMLET, *à part, haussant les épaules.*

Le vieux fou! quel ennui!

POLONIUS, *rencontrant à la porte Rosencrantz et Guildenstern.*

Sans doute vous cherchez le seigneur Hamlet?

ROSENCRANTZ.

Oui.

POLONIUS.

Le voici.

GUILDENSTERN.

Dieu vous garde!

Sort Polonius.

SCÈNE V.

HAMLET, GUILDENSTERN, ROSENCRANTZ.

GUILDENSTERN, *courant à Hamlet.*

O monseigneur!

ROSENCRANTZ.

Cher maître!

HAMLET.

Mes bons amis! c'est vous! Ah! je me sens renaître,
Votre main! votre main! Comment donc allez-vous?

ROSENCRANTZ.

Comme de bons vivants narguant le sort jaloux,
Heureux sans bonheur lourd et sans joie importune.

GUILDENSTERN.

Non pas brillants rubis au front de la fortune...

ROSENCRANTZ.

Mais non pas humbles clous qu'elle foule du pié.

HAMLET.

Vous avez sa ceinture, ô cher couple envié,
Vous avez ses faveurs, sans qu'elle les chicane.
A part.
Ce n'est pas étonnant, c'est une courtisane!
Haut.
Quoi de neuf?

ROSENCRANTZ.

Rien.

GUILDENSTERN.

Si fait! le monde se fait bon.

HAMLET.

C'est donc qu'il sent sa fin ce vieux monde barbon!
Mais, mon cher, la nouvelle est bien conjecturale.
Une autre question un peu moins générale:
Quels griefs le destin a-t-il eus contre vous,
Amis, qu'il vous envoie en prison avec nous?

GUILDENSTERN.

Comment! quelle prison?

HAMLET.

Ce pays! c'en est une!

ROSENCRANTZ.

Eh! mais la terre alors?...

HAMLET.

Est la prison commune
Où l'on entre pleurant et d'où pleurant on sort.

Un ange en tient la clef, — c'est l'ange de la mort!

GUILDENSTERN.

Nous n'envisageons pas, ma foi! ce pauvre monde
Si tristement, seigneur!

HAMLET.

Prison, prison profonde!
Cercle de noirs cachots, de caveaux ténébreux,
Dont notre Danemark est un des plus affreux!

ROSENCRANTZ.

Nous ne le voyons pas ainsi.

HAMLET.

C'est fort possible.
Le Danemark, pour vous, est donc un champ paisible!
Soit! chacun fait son bien, son mal à sa façon.
Pour moi, le Danemark est pis qu'une prison.

ROSENCRANTZ.

Je vois! l'ambition et ses songes de flamme
Laissent ce vaste état trop étroit pour votre âme.

HAMLET.

Moi! j'aurais pour empire une coque de noix,
Que je m'y trouverais, mon Dieu! le roi des rois...
Si je n'y faisais pas parfois de mauvais rêves.

GUILDENSTERN.

Rêves d'ambition sans remède et sans trêves!
L'ombre d'un rêve, au fait, c'est tout l'ambitieux,
N'est-ce pas?

HAMLET.

Mes amis, vous raisonnez au mieux,
Mais ne raisonnons pas, c'est bien assez de vivre!
— Venez-vous à la cour?

ROSENCRANTZ.

Tout prêts à vous y suivre.

HAMLET.

Et vous venez pour moi?

GUILDENSTERN, *avec embarras.*

Monseigneur... oui.

HAMLET.

Vraiment!
Ah! pauvre que je suis, même en remercîment!
Mille grâces, messieurs! mais là, sans hyperbole,
Mille grâces de moi valent bien une obole! —
Ainsi, c'est de vous seuls et sans être poussés,
Que vous m'offrez vos vœux, vœux désintéressés?

ROSENCRANTZ

Mais, monseigneur, sans doute!

HAMLET.

Ainsi, c'est par pur zèle?
Allons! de l'abandon! Parle, toi, mon fidèle!

GUILDENSTERN, *bas à Rosencrantz.*

Que dire?
Haut.
Monseigneur!...

HAMLET.

Eh! mon Dieu! répondez!
Répondez, voilà tout, que l'on vous a mandés.
Oui, j'en lis dans vos yeux les aveux manifestes
Que vous ne savez pas déguiser, cœurs modestes!
Je sais que c'est la reine et notre excellent roi
Qui vous ont fait venir.

ROSENCRANTZ.

Mais, monseigneur, pourquoi?

HAMLET.

Pourquoi? — Tenez, amis, je vais parler sans feinte,
Et le secret du roi restera hors d'atteinte. —
J'ai depuis quelque temps, comment, je n'en sais rien,
Perdu toute gaîté. Je ne fais rien de bien.
L'ennui, brouillard glacé, trompe mon cœur avide.
La terre, ce jardin! me semble morne et vide.
Le ciel, ce dais d'azur, ce divin firmament,
Qui sur tout notre bruit règne paisiblement,
Cette voute infinie où scintille l'étoile,
Rayon du jour céleste entrevu sous le voile!
N'a plus pour mon esprit accablé par le sort
Que nuages de deuil et que vapeurs de mort.
L'homme est beau! l'homme est roi des choses éternelles
Son front a des rayons, et son âme a des ailes!
Quand l'idée ou l'amour l'éclairent de leur feu,
Ses actes sont d'un ange et ses pensers d'un dieu!
Mais l'homme, fût-il grand comme la terre entière,
Poussière, voilà tout, redeviendra poussière!
L'homme ne me plaît pas! — Vous riez?

GUILDENSTERN.

Je pensais
Que nos pauvres acteurs auraient peu de succès,
En ce cas...

HAMLET.

Quels acteurs?

ROSENCRANTZ.

Des gens que sur la route
Nous avons rencontrés, et qui venaient sans doute
Vous offrir leurs talents. Ils manqueront leur but.

HAMLET.

Au contraire! Leur roi recevra mon tribut;
Le chevalier errant fera sonner sa lame;
L'amoureux à bon prix soupirera sa flamme;
Le bouffon nous mettra les deux mains sur les flancs;
L'amante sans pitié hachera les vers blancs,
Plutôt que de celer son ardeur sans seconde...
Et je regarderai, moi, faire tout le monde.

Bruit au dehors.

GUILDENSTERN.

Ah! les comédiens, je pense, monseigneur.

HAMLET.

Qu'ils soient les bienvenus, messieurs, dans Elseneur.
Je veux être pour eux tout plein de courtoisie,
Je les ai déjà vus, et leur troupe est choisie.
Ne vous choquez donc point, vous êtes prévenus;
Car, bien plus qu'eux encor, vous êtes bienvenus. —
Mais mon oncle, mon père, et ma tante, ma mère,
S'abusent, quant à moi, d'une étrange chimère.

ROSENCRANTZ

En quoi donc?

HAMLET.

Je suis fou, quand le vent refroidi
Souffle nord-nord-ouest; mais, s'il vient du midi,
On me verra toujours, tant je garde ma tête!
Distinguer un hibou d'avec une chouette.

SCÈNE VI.

LES PRÉCÉDENTS, POLONIUS.

POLONIUS.

Salut, messieurs!

HAMLET, *à part.*

A bon entendeur demi-mot!
Il marche à la lisière encor, ce grand marmot.
Déclamant.
Du temps que Roscius était acteur à Rome...

POLONIUS.

Les acteurs? sont ici, monseigneur

HAMLET.

Vrai? brave homme!

Il chante.

Chaque acteur, tragique ou non,
Vient monté sur son ânon.

POLONIUS.

Monseigneur! des acteurs excellents! Comédie,
Chronique, pastorale, et drame, et tragédie,
Ils savent jouer tout, avec, sans unité,
Sénèque et ses douleurs, Térence et sa gaîté.

HAMLET.

C'est bien, mon vieux Jephté.

POLONIUS.

Moi? Jephté!

HAMLET.

Sans nul doute.
N'as-tu pas une fille?

Il chante.

Une fille unique et charmante,
Une fille qu'il adorait.

POLONIUS, *à part.*

Encor ma fille!

HAMLET.

Écoute!

Il chante.

Mais sur terre de toute chose
N'est-ce pas le ciel qui dispose?
Et ce qui devait arriver,
Aurait-on pu s'en préserver?

Recourir pour la fin au troisième couplet
Du noël si connu!

SCÈNE VIII.

LES PRÉCÉDENTS, LES COMÉDIENS.

UN COMÉDIEN.

Salut au prince Hamlet!

HAMLET.

Soyez bien venus, messieurs, dans ma demeure,
Oui, par ma foi! je veux vous entendre sur l'heure:
Car j'ai besoin de vous. Demain, bon fauconnier,
Je prétends vous lancer, — je sais sur quel gibier.
Voyons, pour commencer, à toi, mon camarade.
En attendant, peux-tu nous dire une tirade?
Tiens, ce morceau, tu sais, que j'aimais, attends donc...
C'était dans le récit d'Énéas à Didon.

LE COMÉDIEN.

Je sais...

HAMLET.

Encore un mot, si tu veux le permettre.

LE COMÉDIEN.

Parlez! N'êtes-vous pas le seigneur et le maître?

HAMLET.

Je voudrais te donner des conseils.

LE COMÉDIEN.

Monseigneur!...

HAMLET.

Tu les suivras?

LE COMÉDIEN.

Comment! c'est pour moi trop d'honneur!

HAMLET.

De tel acteur fameux que j'ai vu sur la scène,
Et dont la grosse voix m'a fait bien de la peine,
Ne va pas, compagnon, imitant le travers,
Comme un crieur public, beugler tes pauvres vers.
Il ne faut pas non plus de ton geste rapace,
Fendu comme un compas, accaparer l'espace.
Reste maître de toi : jamais d'effet criard!
Garde aux troubles du cœur la dignité de l'art,
Et quand la passion entraîne, gronde et tonne,
Tâche que l'on admire avant que l'on s'étonne.
Quel supplice d'entendre et de voir des lourdauds,
Qui, mettant sans remords un amour en lambeaux,
Déchirent à la fois la pièce et vos oreilles!
Tandis que le public, à ces grosses merveilles,
Stupéfait, applaudit les grands cris, les grands bras,
Et siffle un noble acteur qui ne l'assourdit pas.
Le fouet à ces braillards drapés en matamore
Qui sur *l'affreux tyran* enchérissent encore!
Évite ces défauts.

LE COMÉDIEN.

Prince, je tâcherai.

HAMLET.

Pourtant, pas de froideur et pas d'air maniéré!
Accorde habilement ton geste et ta parole,
Et fais que la nature éclate dans ton rôle.
La nature avant tout! La scène est un miroir
Où l'homme, tel qu'il est, bien et mal, se doit voir;
Où siècles qu'on oublie et pays qu'on ignore
Reprennent leur allure et viennent vivre encore.
Si l'image est outrée ou le reflet pâli,
Que le vulgaire y trouve un chef-d'œuvre accompli,
Un esprit éclairé qui vous fera la guerre,
Pour vous, doit l'emporter, seul, sur tout le vulgaire.
Oh! j'ai vu maint acteur dont on disait grand bien
Et dont l'aspect pourtant n'avait rien de chrétien,
Ni même de païen, ni d'humain, à vrai dire!
Et qui, gesticulant, hurlant, comme en délire,
Semblait un pauvre essai qu'un grossier apprenti
Pour singer la nature avait un jour bâti,
Et qui tronqué, manqué, gauche et sans harmonie,
Pour notre humanité n'était qu'une ironie!

LE COMÉDIEN.

Ces défauts chez nous sont quelque peu réformés

HAMLET.

Qu'ils le soient tout à fait : vos bouffons mal grimés
Jettent parfois leur rire et leurs farces, les drôles!
A travers l'intérêt poignant des autres rôles;
C'est fat et c'est stupide! et maintenant, *dixi.*
Tu peux donc commencer quand tu voudras.

LE COMÉDIE

Merci.

Déclamant.

« Ah! quiconque a pu voir Hécube échevelée,
» Pâle, nu pieds, courir la ville, désolée,
» Portant quelque lambeau pour diadème au front,
» Et pour manteau royal la guenille et l'affront,
» A sans doute maudit la fortune insolente!
» Et quand Pyrrhus foula la dépouille sanglante
» De Priam, un vieillard! un père! au cri d'horreur
» Que la reine a jeté, les dieux avec terreur
» Certe ont senti frémir leurs cœurs sourds aux alarmes!
» Et l'œil ardent du jour a dû verser des larmes! »

POLONIUS.

Mais voyez donc! il pleure! il pâlit! Oh! cessez!

HAMLET.

Bien! Le reste à plus tard. Pour le moment, assez.

A Polonius.

Que ces comédiens, monsieur, soient, je vous prie,
Traités avec honneur, et sans mesquinerie;
Car ils sont la chronique et le miroir des temps;
Et mieux vaudrait pour vous et pour vos soixante ans
Avoir sur votre tombe une épitaphe infâme,
Que d'encourir, vivant, un seul instant leur blâme

POLONIUS.

Bien! ils seront traités, mon prince, à leur valeur.

HAMLET.

Beaucoup mieux! beaucoup mieux! Si chacun, par malheur,
N'était jamais traité que selon ses mérites,
Qui pourrait échapper aux étrivières, dites?
Vos hôtes sont petits, consultez votre rang,
Et, plus ils sont petits, plus vous en serez grand!
Emmenez-les.

POLONIUS, *aux acteurs.*

Venez.

HAMLET, *retenant le comédien, bas.*

Attends: Prends cette bague.
Pourriez-vous nous jouer le *le Meurtre de Gonzague*?

LE COMÉDIEN.

Quand?

HAMLET.

Demain.

LE COMÉDIEN.

Oui, sans doute.

HAMLET.

Et pourrais-tu bien, toi,
Glisser dans le récit quinze ou vingt vers de moi?

LE COMÉDIEN.

Oui, mon prince.

HAMLET.

C'est bien, je vais te les écrire.
Suis ce brave seigneur, et garde-toi d'en rire.
A Rosencrantz et à Guildenstern.
Adieu, jusqu'à ce soir.

ROSENCRANTZ.

Adieu, mon cher seigneur.

HAMLET, *rassemblant dans le même geste Rosencrantz, Guildenstern et les Comédiens.*

Vous êtes bien venus, messieurs, dans Elseneur.

Tous sortent.

SCÈNE VIII.

HAMLET, *seul.*

Seul enfin! pauvre fou misérable et risible!
N'est-ce pas monstrueux? un acteur insensible
Peut, dans un rôle appris, rêve de passion,
Dresser son cœur d'avance à cette émotion!
Contraindre aux pleurs ses yeux, à la pâleur sa joue,
Frémir, briser sa voix! puis, il dira — qu'il joue!
Et le tout, s'il vous plaît, pour Hécube... pour rien!
Que peut lui faire Hécube, à ce comédien
Qui sanglotte à ce nom? Oh! Dieu! mais, à ma place
S'il ressentait la haine ou l'horreur qui me glace,
Il inonderait donc la scène de ses pleurs;
Il ferait tout trembler en criant ses douleurs;
Il renverrait les bons tristes dans leur clémence,
Les ignorants rêveurs, les méchants en démence!
Et tous croiraient avoir, dans leur rêve oublieux,
La foudre à leur oreille et la mort à leurs yeux.
Mais moi, faible, hébété, je vais, âme asservie,
OEil fixe et bras pendants, dans mon rôle et ma vie.
Et je ne trouve pas un seul cri dans mon sein
Pour ce roi détrôné par un vil assassin! —
Ah! c'est qu'aussi parfois m'arrête un doute sombre.
Si ce spectre chéri, ce fantôme, cette ombre,
Si c'était le démon qui me voulut gagner?
Un cœur mélancolique est facile à damner!
Et Satan est bien fin! — Mais, voyons: on raconte
Qu'au théâtre un coupable, en revoyant sa honte
Sous un aspect vivant et dans un jeu parfait,
Lui-même a quelquefois proclamé son forfait!
Eh! bien? en tribunal érigeons le spectacle.
Si Dieu me veut convaincre, il me doit un miracle!

ACTE TROISIÈME.

PREMIERE PARTIE.

La salle du premier acte. Seulement on a construit un théâtre au fond.

SCENE I.

LE ROI, LA REINE, POLONIUS, OPHÉLIE, ROSENCRANTZ. GUILDENSTERN.

ROSENCRANTZ.

Lui-même reconnaît et sent bien son délire.

LE ROI.

Mais la cause? la cause?

GUILDENSTERN.

Il ne veut pas la dire,
Et ne la laisse pas soupçonner aisément.
On le presse, il s'enfuit dans son égarement.

LA REINE.

Mais quelque passe-temps le distrairait sans doute.

ROSENCRANTZ.

Nous avons rencontré des acteurs sur la route
Dont la vue a paru dérider son ennui,
Et je crois qu'ils joueront dès ce soir devant lui.

POLONIUS.

Ce fait est vrai: voyez, dans cette galerie
On a construit la scène, et le prince vous prie
D'être là, monseigneur et madame, ce soir.

LE ROI.

De grand cœur! ce désir me donne bon espoir.
Se levant à Rosencrantz et à Guildenstern.
Vous, allez, chers messieurs, reconduire la reine.
A la reine.
Je veux voir si l'amour cause vraiment sa peine;
Or, Ophélie ici va, comme par hasard,
Le rencontrer, et nous, cachés là, quelque part,
Nous écouterons tout.

LA REINE.

Je sors, chère Ophélie.
Si ta grâce charmante a produit sa folie,
Si tu lui rends l'esprit par ton doux abandon,
Je serai bien heureuse.

OPHÉLIE.

Oh! madame, et moi donc!

La reine sort avec Rosencrantz et Guildenstern.

SCÈNE II.

LE ROI, POLONIUS, OPHÉLIE.

POLONIUS, *menant Ophélie à un prie-Dieu.*

Agenouillez-vous là.
Au roi.
Pour nous, cachons-nous, sire.
A Ophélie.
Pour avoir un maintien, faites semblant de lire.
Il arrive souvent, — et ce n'est pas le mieux! —
Qu'avec un air dévot et des dehors pieux

Nous finissons par faire un saint du diable même.

LE ROI, *à part.*

O vérité terrible et qui crie anathème
Dans le fond de mon cœur! Sous son masque fardé,
L'affreuse courtisane a le front moins ridé
Que mon forfait n'est noir sous sa face hypocrite.

POLONIUS.

Voici le prince Hamlet, retirons nous bien vite,
Sire.

Ils se cachent.

SCÈNE III.

POLONIUS *et* LE ROI, *cachés*, OPHÉLIE, *agenouillée au troisième plan.* HAMLET *entrant par une porte du deuxième.*

HAMLET, *sans voir Ophélie.*

...Être ou n'être pas, voilà la question!
Que faut-il admirer? la résignation
Acceptant à genoux la fortune outrageuse,
Ou la force luttant sur la mer orageuse
Et demandant le calme aux tempêtes? — Mourir!
Dormir! et rien de plus, et puis, ne plus souffrir!
Fuir ces mille tourments pour lesquels il faut naître!
Mourir! Dormir! — Dormir! qui sait? rêver peut-être!
— Peut-être?... oh! tout est là! Quels rêves peupleront
Le sommeil de la mort, lorsque sous notre front
Ne s'agiteront plus la vie et la pensée?
Doute affreux qui nous courbe à l'ornière tracée!
Eh! qui supporterait tant de honte et de deuil,
L'injure des puissants, l'outrage de l'orgueil,
Les lenteurs de la loi, la profonde souffrance,
Que creuse dans le cœur l'amour sans espérance,
La lutte du génie et du vulgaire épais?...
Quand un fer aiguisé donne si bien la paix!
Qui ne rejetterait son lourd fardeau d'alarmes
Et mouillerait encor de sueurs et de larmes
L'âpre et rude chemin? si l'on ne craignait pas
Quelque chose, dans l'ombre, au delà du trépas!
Ce pays inconnu, ce monde qu'on ignore,
D'où n'a pu revenir nul voyageur encore, —
C'est là ce qui d'horreur glace la volonté!
Et, devant cette nuit, l'esprit épouvanté
Garde les maux réels sous lesquels il succombe
De préférence aux maux incertains de la tombe!
Puis, ardente couleur, la résolution
Descend aux tons pâlis de la réflexion;
Puis, l'effrayant aspect troublant toutes les tâches,
Des plus déterminés le doute fait des lâches!

OPHÉLIE, *à part.*

Son rêve plane en haut, mon amour pleure en bas.
Aveuglé de clartés, il ne me verra pas!

HAMLET, *apercevant Ophélie.*

Ophélie! ô jadis ma vie et ma lumière!
Parle de mes péchés, ange, dans ta prière!

OPHÉLIE, *se levant et venant à Hamlet.*

Comment vous-êtes vous porté ces deux jours ci,
Seigneur Hamlet?

HAMLET.

Très-bien, Ophélia, merci.

OPHÉLIE, *lui tendant un écrin.*

J'ai là des souvenirs que je voulais vous rendre
Déjà depuis longtemps; veuillez donc les reprendre.

HAMLET.

Que vous ai-je donné? je ne vous comprends pas.

OPHÉLIE.

Hamlet! je tiens de vous tous ces présents. Hélas!
A chacun était jointe une douce parole,
Et je me crus heureuse, et je n'étais que folle!
Mon amour maintenant vous devient importun,
Et ces gages si doux ont perdu leur parfum.
Reprenez-les. Allez! laissez la pauvre femme;
Car vous ne m'aimez plus, Hamlet, et pour mon âme
Les plus riches présents deviennent sans valeur,
Quand ce n'est que la main qui donne et non le cœur.
Reprenez-les.

HAMLET, *regardant Ophélie.*

Oui dà! vertu! délicatesse!

OPHÉLIE.

Monseigneur!

HAMLET.

Et beauté!

OPHÉLIE.

Que dit donc votre altesse?

HAMLET.

Je dis que je ne vis jamais auparavant
Tant de dons réunis. — Entre dans un couvent.

OPHÉLIE.

Dans un couvent! Pourquoi, monseigneur?

HAMLET.

Pauvre fille!
Parce qu'un sort fatal poursuit tout ce qui brille,
Et qu'en ce monde ingrat le silence et la nuit
Valent mille fois mieux que le jour et le bruit.
Car qu'est-ce que le bruit? qu'est-ce que la lumière?
Le bruit, écho qui ment à sa cause première!
La lumière, rayon aux changeantes couleurs,
Éclairant un beau jour sur dix ans de douleurs!
Entre dans un couvent!

OPHÉLIE.

Monseigneur!

HAMLET.

Pauvre fille!
Là, du moins, pour toujours se fermera la grille
Entre le monde impur et ton cœur innocent.
Là, du moins, tu pourras, sous ton voile impuissant,
Dans tes froids corridors, dans ta cellule sombre,
Muette comme un marbre, et pâle comme une ombre,
Loin du monde attristé de ton pudique adieu,
Fleurir, lys virginal, sous le regard de Dieu,
Et te trouver un jour, pure de toute fange,
Symbole de candeur, dans la main d'un archange.

OPHÉLIE.

Prier, aimer, mourir!... oui, j'ai rêvé souvent
Que c'était là mon sort.

HAMLET.

Entre dans un couvent,
Pauvre fille! Cela vaut mieux que d'être femme,
Pour mentir au Seigneur d'une façon infâme
Et faire sans pudeur de ces serments d'amour
Que l'on jure éternels et qui durent un jour!
Que de perpétuer notre race maudite,
En donnant la lumière à quelque âme hypocrite,
Qui se détournera de la route du ciel
Pour porter une pierre à la sombre Babel
Que le noir souverain des éternels abîmes
Dans la nuit de l'enfer bâtit avec nos crimes!

OPHÉLIE.

Votre parole, Hamlet, me pénètre d'effroi!

HAMLET.

Non! mais la vérité! car enfin, dites-moi,
Ne vaudrait-il pas mieux pour moi, pauvre et débile,

Pour moi dont la raison incessamment vacille,
Pour moi par le destin d'avance condamné,
Ne vaudrait-il pas mieux, ou n'être jamais né,
Ou qu'entre les coussins de son lit adultère,
A l'heure où je naquis, m'eût étouffé ma mère ?

OPHÉLIE.

Prince !

HAMLET, *à part.*

Je me trahis !

Haut, se remettant et changeant de ton.

Votre père est chez vous ?

OPHÉLIE.

Oui, monseigneur.

HAMLET.

Tirez sur lui tous les verroux.
Qu'il ne fasse du moins l'insensé qu'en famille !

Fausse sortie.

OPHÉLIE.

Oh ! sa raison s'en va de nouveau.

HAMLET, *revenant.*

Pauvre fille !
Écoute : si tu veux te marier pourtant,
Je te donne pour dot cet avis attristant :
Sois froide comme glace et blanche comme neige,
Eh! bien? la calomnie avant un mois t'assiége.
Entre dans un couvent !

Fausse sortie ; il revient encore.

Ou, si tu tiens, ma foi !
Beaucoup au mariage, épouse un fou, crois-moi.
Car un homme sensé pourra voir tout de suite
Quel niais fait de lui sa femme. — Au couvent, vite !
Bonsoir.

Il sort.

SCÈNE IV.

OPHÉLIE, LE ROI, POLONIUS, *cachés.*

OPHÉLIE, *regardant Hamlet s'éloigner.*

Dieu tout-puissant, rendez-lui la raison !
O dernier héritier d'une illustre maison !
O noble esprit perdu ! sublime intelligence
Tout à coup détrônée ! A la cour élégance,
Profondeur au conseil, valeur dans les combats !
L'espérance, la fleur de ces vastes états !
Le miroir du bon goût, le type de la grâce,
Le but de tous les yeux ! tout est mort ! tout s'efface !
— Et moi, moi, triste et seule avec mes maux pesants !
Moi qui de sa tendresse ai respiré l'encens !
Qui buvais de sa voix l'enivrante harmonie !
Voir comme un luth brisé ce noble et fier génie
Ne plus rendre qu'un son discordant et railleur !
Avoir vu sa jeunesse et sa grâce en leur fleur,
Pour voir, le jour d'après, malheureuse Ophélie !
Tant d'espoir se flétrir au vent de la folie !

Le roi et Polonius rentrent en scène.

POLONIUS.

Eh bien ! moi, je persiste à croire, malgré tout,
Qu'une peine d'amour cause ce noir dégoût.

A Ophélie.

C'est bien, va, mon enfant, tu n'as rien à nous dire :
Nous avons écouté.

Ophélie sort. Au roi.

Si vous m'en croyez, sire,
La reine ici ce soir va rester avec lui
Et lui demandera compte de son ennui
En reine impérieuse autant qu'en mère tendre,
Et, toujours caché là, je pourrai tout entendre.

LE ROI.

Soit ! Ses secrets, ainsi, par lui, je les surprends.
Il sied de surveiller la démence des grands.

Il sort avec Polonius.

DEUXIÈME PARTIE.

Même décor.

SCENE I

HAMLET, *puis* HORATIO.

HAMLET, *à un serviteur.*

Va donc de nos acteurs presser un peu le zèle !

Sort le serviteur.

HORATIO, *entrant.*

Mon prince !

HAMLET *l'apercevant.*

Horatio ! te voilà, mon fidèle !

HORATIO.

Prêt à vous obéir comme c'est mon devoir.

HAMLET.

C'est toi qu'en vérité j'aime le mieux à voir.

HORATIO.

Oh ! monseigneur !

HAMLET.

Allons ! crois-tu que je te flatte ?
Tu n'es pas riche, ami ! Qu'une cour vile et plate
Se mette à deux genoux devant l'or vil et plat
Et gagne bassement la grandeur et l'éclat,
C'est bien ! mais te flatter, toi de qui nul n'hérite,
Toi qui pour te nourrir n'as rien que ton mérite !
A quoi bon ? Non, vois-tu, dès que ce cœur aimant,
Libre, a pu faire un choix avec discernement,
Il a mis dans ton cœur sa plus chère espérance ;
Car, sans sourciller, toi, tu portes la souffrance ;
Car, biens et maux, tu vois tout d'un regard hautain,
Philosophe toujours plus grand que le destin ! —
Bien heureux qui maintient, ainsi fort, ainsi libre,
Son sang et sa raison dans ce juste équilibre !
Certes ! je porterais ce héros, ce vainqueur,
Dans mon cœur, comme toi, dans le cœur de mon cœur !
— Mais écoute : ce soir, dans le drame qu'on joue,
Une scène a rapport, frère, je te l'avoue,
A la mort de mon père. Eh bien ! à cet endroit,
Fixe sur Claudius ton regard calme et froid.
Tu me comprends ? s'il reste indifférent et grave,
Je n'ai vu l'autre nuit qu'un démon que je brave,
Et mes soupçons ingrats sont plus noirs que l'enfer !
Mais si quelque terreur qu'il ne peut étouffer...
Enfin, comme toujours, sois pénétrant et sage.
Pour moi, j'aurai les yeux rivés à son visage !
Puis, sur nos deux avis que nous rapprocherons,
Nous pèserons son sort et nous prononcerons.

HORATIO.

Bien ! si pendant la pièce un éclair de son âme
M'échappe !...

HAMLET.

Ils viennent tous ! allons à notre drame !

SCÈNE II.

LES PRÉCÉDENTS, LE ROI, LA REINE, POLONIUS, OPHÉLIE, ROSENCRANTZ, GUILDENSTERN, MARCELLUS, COURTISANS.

UN HUISSIER, *annonçant*

Le roi!

LE ROI, *à Hamlet.*

Comment se porte Hamlet, ce soir?

HAMLET.

Ma foi!
On ne peut mieux! je vis en caméléon, moi!
Oui, je me nourris d'air, de vapeur, de promesse,
Aussi, voyez plutôt, sire, comme j'engraisse.

LE ROI.

Vous parlez en énigme, et je n'y comprends rien.

HAMLET.

Ni moi non plus.

A Polonius.

Monsieur, vous disiez, je crois bien,
Que vous aviez joué jadis la comédi
A l'université?

POLONIUS.

Certe! et la tragédie!
On m'a dit même habile entre tous les acteurs.

HAMLET.

Que jouiez-vous?

POLONIUS.

César! et les conspirateurs
Vingt fois au Capitole ont conjuré ma chute;
Vingt fois je fus tué par Brutus...

HAMLET.

O la brute!
Tuer un pareil veau!

Au serviteur qu'il a envoyé.

Hé! bien? tous sont-ils prêts?

LE SERVITEUR.

Ils attendent, seigneur.

LA REINE, *à Hamlet, lui montrant un siége auprès d'elle.*

Venez donc ici près,
Cher Hamlet, vous asseoir.

HAMLET.

Merci, ma bonne mère,
Mais un aimant plus fort m'attire.

Il montre Ophélie.

POLONIUS, *bas au roi.*

Eh! bien? chimère?

HAMLET, *à Ophélie.*

Madame, laissez-moi m'asseoir à vos genoux,
Et mon bonheur ici fera bien des jaloux.

Il se couche à ses pieds.

OPHÉLIE.

Qui vous rend donc si gai, seigneur?

HAMLET.

Qui? moi!

OPHÉLIE.

Vous-même.

HAMLET.

Je suis votre bouffon. Quel est le but suprême
Pour l'homme? s'égayer! Regardez l'air joyeux
Qu'a ma mère ce soir, et pourtant, sous ses yeux,
Le roi mon père est mort, ne voilà pas — deux heures.

OPHÉLIE.

Eh! mais voilà deux mois!

HAMLET.

Pauvre femme! tu pleures
Deux longs mois ton époux! Que le diable, en ce cas,
Porte s'il veut le deuil! quant à moi, je suis las
De ces vêtements noirs! Qu'on m'habille d'hermine!
Deux mois sans que la mort par l'oubli se termine!
Alors, par Notre-Dame! il faut croire et je crois
Que le nom d'un héros lui survivra six mois,
Pourvu qu'il ait bâti cependant mainte église.
Sinon, il mourra, lui que tout immortalise!
Comme feu Mardi-Gras enterré par ce chant :

Il chante.

Mardi Gras,
Tu t'en vas!

Le rideau de la scène du fond s'ouvre. L'acteur représentant le Prologue paraît.

OPHÉLIE.

Chut! je veux écouter, vous êtes un méchant.

LE PROLOGUE.

» Nous réclamons de l'assistance
» Pour les acteurs son indulgence
» Pour la pièce sa patience. »

Il se retire.

HAMLET.

Devise d'une bague ou prologue d'un drame?

OPHÉLIE.

C'est bien court, monseigneur.

HAMLET.

Comme un amour de femme.

Gonzague et Bautista, roi et reine de théâtre, entrent sur la seconde scène.

GONZAGUE, *sur le théâtre.*

« Phébus a trente fois fait le tour de ce monde,
» Semant de fleurs les prés, de perles semant l'onde,
» La lune au front d'argent, blonde sœur d'Apollon,
» Trente fois a blanchi la cime et le vallon,
» Depuis que le destin, pour d'autres dur et sombre,
» Ne nous a fait qu'un toit, qu'un soleil et qu'une ombre.

BAUTISTA, *sur le théâtre.*

« Puisse l'astre des nuits, puisse l'astre des jours
» Mille fois de nouveau recommencer leur cours,
» Avant que notre amour subisse quelque atteinte!
» Mais bien souvent hélas! je frissonne de crainte
» A voir votre pâleur et votre accablement!
» Les femmes, vous savez, n'aiment qu'en s'alarmant!

GONZAGUE, *sur le théâtre.*

» Ah! ta crainte a raison, ma pauvre bien-aimée
» La vie en moi s'éteint lentement consumée,
» Je vais bientôt mourir. Mais toi tu resteras
» Pour être heureuse encor! qui sait? dans d'autres bras!

BAUTISTA, *sur le théâtre.*

» Un nouveau mariage! oh! vous blasphémez! grâce!
» Que vous ai-je donc fait? moi, si vile et si basse!
» Pour qu'une femme, enfin, prenne un second époux,
» Il faut que le premier soit tombé sous ses coups!

HAMLET, *regardant sa mère à travers les branches de l'éventail qu'il a pris des mains d'Ophélie.*

Voilà l'absinthe!

GONZAGUE.

» Vos paroles sans doute au fond du cœur sont prises,
» Mais cette vie hélas! est pleine de surprises
» Qui rompent nos desseins, ou nos desseins de feu,
» D'eux-mêmes pâlissant, s'éteignent avant peu.
» Vert, le fruit tient bien fort à la branche qui pousse;
» Mûr, sur les gazons mous il tombe sans secousse.
» Les serments qu'on se fait dans l'exaltation
» Meurent du même coup avec la passion,

» Et la réalité trahit toujours le rêve,
» Et, contraire à nos vœux, notre destin s'achève,
» En ce monde changeant, où, sans exagérer,
» Les larmes savent rire et les rires pleurer!

BAUTISTA.

» Qu'au fond du désespoir tombent mes espérances!
» Que tout désir pour moi se traduise en souffrances!
» Que seule avec mon crime on me jette en prison!
» Que mes yeux n'aient que pleurs, ma coupe que poison!
» Que j'éprouve aux enfers ta vengeance jalouse,—
» Si ta veuve, ô mon roi, devient jamais épouse!

HAMLET.

Après tant d'imprécations!

GONZAGUE.

» Eh! bien, je te crois donc. — Mais le sommeil joyeux
» Engourdit ma douleur et me ferme les yeux...
» Laisse-moi reposer un instant, bien aimée.

BAUTISTA.

» Rêves d'espoir, bercez sa souffrance calmée!
» Vous, ne nous rappelez qu'ensemble, ô Dieu clément!

Elle sort laissant le roi endormi sur un banc.

HAMLET, *de loin à sa mère.*

Eh! bien? madame?

LA REINE, *émue.*

Trop de protestations
De la part de la reine, il me semble!

HAMLET.

Oh! madame,
Elle s'en souviendra.

LE ROI, *qui commence à s'inquiéter.*

Connaissez-vous le drame?
N'a-t-il rien de blessant, dites?

HAMLET, *l'épiant.*

Non, Dieu merci.

Lucianus, entre sur le second théâtre.

Ah! c'est Lucianus, frère du roi, ceci!
Arrive, meurtrier à l'œil cave, au front jaune!

LUCIANUS, *sur le théâtre et tirant une fiole de sa poitrine.*

» Mains prêtes, noirs pensers, poison sûr, bon moment!
» C'est bien! tout me seconde et nul œil ne me guette!
» Mélange qu'à minuit, pâle, sombre et muette,
» Hécate a composé d'herbe cueillie au bois,
» Qu'elle a trois fois flétri, qu'elle a maudit trois fois!
» O venin! ta puissance aux feux d'enfer ravie,
» Tarit en un instant les sources de la vie!

Il verse le poison sur les lèvres de Gonzague. Hamlet, pendant les paroles de Lucianus, s'est glissé rampant et en épiant jusqu'à sa mère et au roi. Il se dresse tout à coup sur ses genoux devant eux et prend la parole avec une volubilité effrayante.

HAMLET.

Voyez! il l'empoisonne et lui vole le trône.
Son nom était Gonzague... Oh! tous faits avérés!
Le livre italien existe. Vous verrez
Comment, Gonzague mort, le meurtrier enlève
A sa veuve...

GONZAGUE, *sur le théâtre, après une courte agonie.*

» Je meurs! »

Il tombe.

LA REINE.

Ah!

LE ROI, *se levant épouvanté.*

Dieu!

LA REINE.

Le roi se lève!

HAMLET, *à Horatio, se levant à son tour, ou plutôt bondissant avec un cri de joie et de triomphe.*

Ah! c'est clair, maintenant!

LA REINE, *à Claudius.*

Qu'avez-vous? ô mon roi!

LE ROI.

Des flambeaux!

LA REINE.

Qu'avez-vous?

LE ROI, *tout éperdu.*

Laissez-moi! laissez-moi!
Sortons.

POLONIUS, *sortant derrière le roi.*

Maudite soit cette pièce funeste!

Tous sortent en tumulte, moins Hamlet et Horatio.

SCENE III.

HAMLET, HORATIO, *puis* ROSENCRANTZ.

HORATIO.

Eh! bien? qu'en dites-vous?

HAMLET.

Le crime est manifeste,
Voilà ce que j'en dis! Et toi? qu'en dis-tu, toi?

HORATIO.

Que, si l'on peut juger le coupable à l'effroi,
Le coupable, cher prince, était là tout à l'heure!

HAMLET, *apercevant Rosencrantz.*

Ah! voilà l'espion.

HORATIO.

Dois-je sortir?

HAMLET.

Demeure.

Au serviteur qui vient refermer les rideaux du théâtre.

Les flûtes maintenant? le drame a peu d'appas
Pour sa majesté! c'est — qu'elle ne l'aime pas.

ROSENCRANTZ.

Mon cher seigneur, un mot.

HAMLET.

Oh! monsieur, tout un livre!

ROSENCRANTZ.

Le roi, monsieur...

HAMLET.

Eh! bien?

ROSENCRANTZ.

Nous venons de le suivre.
Il est rentré chez lui tout troublé...

HAMLET.

Par le vin?

ROSENCRANTZ.

Par la colère!

HAMLET.

Alors, je m'emploirais en vain
A guérir sa fureur et l'accroîtrais peut-être.
Allez au médecin, c'est plus prudent.

ROSENCRANTZ.

Cher maître,
Tâchez donc d'ordonner un peu mieux vos discours,
Qui, par brusques écarts, nous échappent toujours.

HAMLET.

Allons, voyons, parlez.

ROSENCRANTZ.

Votre mère, la reine,
M'envoie auprès de vous dans le trouble et la peine.

HAMLET, *cérémonieusement.*

Soyez le bienvenu.

ROSENCRANTZ.

Mais trève de façon!
Ce n'est pas le moment, prince. De la raison!
Répondez avec sens, et je vais tout vous dire;
Sinon, excusez-moi, seigneur, je me retire.

HAMLET.

Monsieur, je ne puis.....

ROSENCRANTZ.

Quoi?

HAMLET.

Répondre sensément,
Je suis un insensé!—Mais, bien certainement,
Je ferai de mon mieux et veux vous satisfaire.
Vous dites donc, monsieur, que la reine ma mère?...

ROSENCRANTZ.

De crainte et de stupeur a le cœur tout saisi.

HAMLET.

Par moi? Fils merveilleux! saisir ma mère ainsi!
Après cette stupeur?...

ROSENCRANTZ.

La reine vous demande
Un moment d'entretien.

HAMLET.

Oh! ma mère commande,
Bien qu'elle soit ma mère. — Où m'attend-elle?

ROSENCRANTZ.

En bas,
Dans sa chambre à coucher.

HAMLET.

Dans sa chambre! oh! non pas!
Car, là, l'époux vivant viendrait peut-être entendre
Ou l'époux mort troubler un entretien si tendre.
Je vais attendre ici ma mère. Est-ce là tout?

ROSENCRANTZ.

Cher prince, vous m'aimiez autrefois, et beaucoup.

HAMLET.

Et je vous aime encore, ou le diable m'emporte!

ROSENCRANTZ.

Eh! bien, mon bon seigneur, quelle peine si forte
Vous égare l'esprit? Ah! nous cacher vos pleurs,
C'est vous ensevelir vivant dans vos douleurs.

HAMLET, *apercevant les joueurs de flûte qui traversent le théâtre.*

Ah! les joueurs de flûte! Allons, qu'on m'en donne une.

ROSENCRANTZ.

Monseigneur, je m'en vais, si je vous importune.

HAMLET.

Non pas!
Lui présentant la flûte.
Voudriez-vous me jouer de ceci?

ROSENCRANTZ.

Je ne puis, monseigneur.

HAMLET.

Je vous en prie, ainsi!

ROSENCRANTZ

Mais je ne puis, vraiment!

HAMLET.

Mais je vous en supplie.

ROSENCRANTZ.

Je ne sais pas jouer de la flûte.

HAMLET.

Folie!
Vous vous trompez!

ROSENCRANTZ.

Seigneur!...

HAMLET.

Bouchez avec vos doigts,
Et découvrez ces trous et soufflez à la fois.
Les sons vont en sortir en musique divine.
Voici la flûte, allez.

ROSENCRANTZ

Vouloir que je devine,
L'air tout entier des sons qu'on ne m'a point appris!

HAMLET.

Ah! je suis donc tombé bien bas dans vos mépris!
Quoi! vous voulez jouer de moi, par Notre-Dame!
Vous voulez pénétrer les secrets de mon âme!
Vous n'avez pas besoin de prendre de leçons
Pour tirer de mon cœur à votre gré des sons,
Et vous feriez vibrer mes passions, sans faute,
De leurs tons les plus bas à la clef la plus haute!
Quand vous ne pouvez pas éveiller sous vos doigts
Le concert endormi dans le fond d'un hautbois!
Ah! ah! vous pensiez donc que, me livrant sans lutte,
On peut plus aisément m'apprendre que la flûte!
Allez! vous aurez beau sur mon âme souffler,
Instrument mal appris, je ne veux pas parler!
Bonjour, monsieur.

Il fait un mouvement pour sortir et rencontre Polonius.

SCÈNE IV.

LES PRÉCÉDENTS, POLONIUS.

POLONIUS.

Seigneur, votre mère s'informe...

HAMLET, *prenant Polonius et le conduisant à la fenêtre.*

Voyez donc ce nuage : il a presque la forme
D'un chameau, n'est-ce pas?

POLONIUS.

Par la messe, en effet!
Un chameau véritable! un chameau tout à fait!

HAMLET.

On jurerait, d'ici, que c'est une belette.

POLONIUS.

Une belette! oui! la belette est parfaite!

HAMLET.

C'est tout une baleine.

POLONIUS.

Oh! c'est frappant, mon Dieu!
Comme c'est la baleine!

HAMLET

Alors mon cher, adieu.
A Horatio.
Il est des courtisans même pour la folie!
Haut.
Ma mère peut venir.

POLONIUS.

C'est juste, je m'oublie

Il fait semblant de sortir et revient se cacher derrière la tapisserie.

HAMLET.

A Horatio. *A Rosencrantz.*
J'attends ma mère, ami. Voulez-vous me laisser?

Horatio et Rosencrantz sortent.

SCÈNE V.

HAMLET, *seul.*

J'attends! c'est simple à dire, et terrible à penser!
Voici l'heure propice aux mystères magiques
Où, laissant leur sommeil et leurs lits léthargiques,
Les morts quittent la tombe et les démons l'enfer!
Et, la pitié quittant aussi mon cœur de fer,
Je pourrais maintenant, comme un spectre insensible,
Boire du sang fumant, oser quelque œuvre horrible
A faire reculer le soleil de terreur!
Ma mère va venir! du calme! Et toi, mon cœur,
Reste grand. Le courroux peut enfler ma narine,
Mais l'âme d'un Néron n'est point dans ma poitrine!
Je veux être inflexible, et non dénaturé.
Je montrerai le fer, mais je le retiendrai.
Jouez la comédie, ô ma langue et mon âme!
Mais, quelque amer et dur que s'exhale mon blâme,
Avec quelque fureur que tonne mon discours,
Que la reine, ô mon Dieu! soit ma mère toujours!

SCÈNE VI

HAMLET, LA REINE, POLONIUS, *caché.*

HAMLET.

Vous désiriez me voir; que voulez-vous, ma mère?

LA REINE.

Hamlet, vous offensez gravement votre père.

HAMLET.

Mère! vous offensez mon père gravement.

LA REINE.

Allons donc! c'est un fou qui me répond, vraiment!

HAMLET.

Allez! c'est une impie, à coup sûr, que j'écoute!

LA REINE.

Qu'est-ce à dire?

HAMLET.

Plaît-il?

LA REINE.

Vous oubliez sans doute
Qui je suis! mais je vais envoyer près de vous
Quelqu'un qui vous fera répondre mieux que nous!

Elle fait un mouvement pour s'éloigner. Hamlet lui barre le chemin.

HAMLET.

Restez! je me souviens, par la croix! au contraire!
N'êtes-vous point la reine et la femme du frère
De votre époux? de plus, pour mon malheur, hélas!
Ma mère? répondez.

La retenant malgré elle.

Vous ne bougerez pas!
Vous ne sortirez pas! que je n'aie à votre âme
Offert un miroir sûr où vous pourrez, madame,
La voir dans ses replis les plus secrets.

LA REINE, *appelant effrayée.*

A moi!
Veux-tu m'assassiner? au secours!

POLONIUS, *derrière la tapisserie.*

Holà! quoi
Au secours!

HAMLET, *se retournant et tirant son épée.*

Qu'est-ce donc? un rat!

Il donne de son épée dans la tapisserie.

Mort! Je parie
Un ducat qu'il est mort.

POLONIUS.

Je meurs!

LA REINE.

Quelle furie!
Qu'as-tu fait? ô mon Dieu!

HAMLET.

N'est-ce donc pas le roi?

LA REINE.

Une action sanglante!

HAMLET.

Oui sanglante! et, je croi,
Presque aussi criminelle, au fond, ma bonne mère,
Que de tuer un roi pour épouser son frère!

LA REINE, *épouvantée.*

Tuer un roi!

HAMLET.

Pardieu! c'est bien ce que j'ai dit!

LA REINE.

Hélas!

HAMLET, *soulevant la tapisserie.*

Polonius! ah! je suis bien maudit!
Celle qui portera le poids de ma folie
Sera donc toi toujours, Ophélie! Ophélie! —
Pardonnez-moi ce meurtre, ô Seigneur! ô mon Dieu!
Et toi, pauvre indiscret, fou téméraire, adieu!
Je t'ai pris pour plus grand que toi. Subis ta peine.
De l'affaire d'autrui pourquoi fis-tu la tienne?

Il laisse retomber la tapisserie, remet son épée au fourreau et revient près de sa mère.

Asseyez-vous, madame.

La reine se tord les mains de désespoir.

A moi seul la rigueur!
Ne tordez pas vos mains, je vous tordrai le cœur!
S'il y reste, du moins, quelque fibre sensible,
Si, tout bronzé qu'il soit, il est encore possible
D'y faire pénétrer quelque bon sentiment.

LA REINE.

Pour que ta voix me parle, Hamlet, si rudement,
Qu'ai-je donc fait? voyons!

HAMLET.

Vous l'ignorez, madame?
Ah! vous avez commis une action infâme!
Une lâche action qui change avec noirceur
Les vœux du mariage en serments de joueur!
Qui détache du front de tout amour sincère
Sa couronne de fleurs, pour y mettre un ulcère!
Une action qui fait le monde plein d'horreur!
Aussi, voyez, le ciel s'enflamme de fureur,
Et l'air, tout attristé d'une action si sombre,
Est, comme au dernier jour, chargé de brume et d'ombre!

LA REINE.

O malheur! quels sont donc ces crimes, répondez,
Que vous voulez punir?

HAMLET, *se levant.*

Ah! vous le demandez!

Lui montrant deux portraits.

Voyez ces deux tableaux, — les portraits de deux frères.
Voyez ce beau visage où tous les dons contraires
Pour un type idéal sont mêlés par les dieux!
Apollon a prêté ses longs cheveux soyeux,
Jupiter son beau front, Mars son œil qui menace,
Dans ce noble maintien Mercure a mis sa grâce,
Quand aux cimes des monts glisse son vol si doux!

Or, cet homme parfait, il était votre époux!

Montrant le second portrait.

Cet autre est votre époux! C'est l'épi, dans la gerbe,
Par la nielle gâté, gâtant l'épi superbe.
Vous n'aviez donc pas d'yeux, que vous avez quitté
Pour le fangeux marais le sommet enchanté?
Ah! vous n'aviez pas d'yeux! et votre aveugle rage
N'était pas de l'amour; car enfin, à votre âge,
L'ardeur du sang se calme et cède à la raison!
Mais la raison peut-elle, en aucune façon,
Conseiller de tomber de cet homme à cet autre?
Vous vivez! votre pouls bat ainsi que le nôtre!
Donc, vous devez sentir! mais votre sentiment
Était paralysé, madame, assurément!
Est-il transport si sourd, si stupide inconstance,
Que ne frappe d'abord une telle distance?
Quel démon vous trompait et vous cachait les cieux?
Les yeux sans le toucher, le toucher sans les yeux,
L'oreille sans les mains, l'odorat sans l'ouïe,
Tout sens, même altéré, de l'erreur inouïe
Averti sur-le-champ, ne s'y fût pas mépris.
Honte! ne sais-tu plus rougir sous le mépris!
O bûchers de l'enfer! si vos feux éphémères
Montent brûler ainsi les veines de nos mères,
Aux cœurs de leurs enfants la vertu par lambeau!
Se fondra, cire ardente, à son propre flambeau;
La jeune passion ne sera plus honteuse,
La raison aux désirs sert bien d'entremetteuse!

LA REINE.

Hamlet! tais-toi! tu fais que mon regard profond
Se tourne vers mon âme, et que j'y vois au fond
Des taches de péché noires et gangrenées
Que n'effaceraient pas des centaines d'années!

HAMLET.

Et le tout pour chercher des plaisirs monstrueux
Dans l'impure sueur d'un lit incestueux! —
Qu'est-ce que votre époux? un valet misérable,
L'exécrable Caïn d'un Abel adorable!
Un roi de carnaval! qui filouta la loi
Et le pouvoir! Un jour, la couronne de roi
Se trouve sous sa main, le traître la décroche
Et, larron sans pudeur, la fourre dans sa poche!

LA REINE.

Assez! assez!

HAMLET.

Un roi de pièces et haillons!

L'Ombre apparaît visible pour Hamlet seul.

Sauvez-moi! cachez-moi! célestes légions!
C'est lui!

LA REINE.

Qui? lui!

HAMLET, *au spectre.*

Voyons! que voulez-vous, chère Ombre?

LA REINE.

Mon fils est fou! malheur!

HAMLET.

Oui, mes lenteurs sans nombre
Vous irritent, le temps passe, l'émotion
S'éteint! je remets trop la sinistre action
Que vous m'avez prescrite? est-ce cela, mon père?

L'OMBRE.

Oui. Souviens-toi. Tu vas te souvenir, j'espère!
Je viens pour réveiller ta volonté qui dort.
Mais vois ta mère, Hamlet, tremblante de remord
Oh! mets-toi donc entre elle et sa terreur de femme!
Car l'amour de ma vie anime encor mon âme.
Parle-lui, cher Hamlet.

HAMLET, *à la reine.*

Madame! qu'avez-vous?

LA REINE.

Oh! je vous le demande à vous-même, à genoux.
D'un avide regard pourquoi sonder l'espace?
Pourquoi parler, répondre à la brise qui passe?
Ton âme par tes yeux hagards semble jaillir,
Et, soldats endormis qu'un cri fait tressaillir,
Tes cheveux, frissonnant d'un souffle de tempête,
Se dressent animés et vivants sur ta tête! —
Bien-aimé, verse au feu bouillant de ton courroux
La froide patience. — Oh! que regardez-vous?

HAMLET.

Lui! lui! c'est effrayant! voyez comme il est pâle!
Son aspect douloureux sur sa cause fatale
Ferait pleurer le marbre.

A l'Ombre.

Oh! ne regarde pas!
La plainte de tes yeux affaiblirait mon bras,
Et, le corps défaillant, l'âme pleine d'alarmes,
Peut-être, au lieu de sang je verserais des larmes.

LA REINE.

Mais à qui parlez-vous?

HAMLET.

Là! ne voyez-vous rien?

LA REINE.

Non! les objets présents, pourtant, je les vois bien!

HAMLET, *suivant l'Ombre qui traverse le théâtre.*

Et n'entendez-vous rien?

LA REINE.

Non, rien que ta parole.

HAMLET.

Mais regardez donc là! Voyez! triste, il s'envole!
C'est mon père.

LA REINE.

Ah!

HAMLET.

Vêtu comme de son vivant!
Sous le portail! tenez! encor! Plus rien: du vent!

LA REINE.

Imaginations que la fièvre t'inspire!
Fantômes imposteurs qu'évoque le délire!

HAMLET.

Le délire, madame? Ah! que votre terreur
N'aille pas s'abuser de cette douce erreur
Que mon délire parle! oh! non, c'est votre crime!
Gardez que ce vain baume, ô mère, n'envenime
Votre mal qu'au dehors il cicatriserait
Tandis que la grangrène en dedans vous mordrait.

LA REINE.

Tu déchires mon cœur!

HAMLET.

Jetez en donc la fange,
Et n'en gardez que l'or! Plus de démon dans l'ange!
Dès cette nuit, fuyez votre époux,—votre affront!
La vertu manque au cœur, qu'on l'ait du moins au front
Sur ce, madame, adieu! Quand vous serez bénie,
Vous pourrez me bénir.

Montrant Polonius.

Pour ce pauvre génie,
Je sens là des remords... Mais le ciel aujourd'hui

A voulu nous punir, lui par moi, moi par lui :
Car je suis du grand juge instrument et victime.
—Je me charge du corps, et répondrai du crime.
Et vous, madame, vous, de ce soir à demain,
Pour un autre priez... La mort est en chemin!

ACTE QUATRIEME.

PREMIERE PARTIE.

Le décor du second acte.

SCÈNE I.

LE ROI, *méditant; plus tard,* HAMLET.

LE ROI.

Polonius tué!... Pourtant qu'avait-il fait?
Cette mort me rappelle encore mon forfait,
Mon horrible forfait! vapeur noire, empestée,
Qui monte jusqu'au ciel! Ma vie ensanglantée,
Sous l'anathème ancien du premier meurtrier
Sanglotte et se débat... Si je pouvais prier!...
Non! mon crime est trop lourd, mon âme trop débile!
Comme entre deux devoirs je m'arrête immobile :
Par lequel commencer? et rien n'est accompli.
— Mais quoi! l'homme a le crime, et le Seigneur l'oubli!
Ma main du sang d'Abel serait encor plus noire
Que le pardon divin, rosée expiatoire,
Lui rendrait la blancheur de la neige des champs.
Quand Dieu serait-il bon si nous n'étions méchants?
Qu'est-ce que la prière? un appui dans la lutte,
Qui soutient au combat, relève après la chute.
Relevons donc ensemble et mon cœur et mes yeux!
— Oui, mais avec quels mots vais-je parler aux cieux?
» Pardonnez-moi mon meurtre affreux! » C'est impossible!
J'ai dans mes mains le prix de ce meurtre terrible,
Cette femme, le sceptre, et la grandeur des rois
Quoi! jouir du pardon et du crime à la fois?
Folie! Au poids de l'or, en ce monde, le crime
Achète la justice, et le juge a la prime
Des profits du coupable. Oui, mais payez donc Dieu!
Quand la vérité parle, osez mentir un peu!
Lorsque vos actions vous regardent en face,
Essayez de nier! non! il faut crier grâce!
Suis-je donc dans l'abîme enfoncé trop avant?
Anges du ciel, voyez, je suis encor vivant!
Essayez! sauvez-moi! Fléchis, genou rebelle!
Cœur aux fibres d'acier, sois plus tendre et plus frêle
Que le cœur palpitant d'un enfant nouveau né!
Et tout peut aller bien!

Il s'agenouille au prie-Dieu. — Entre Hamlet.

HAMLET, *apercevant le roi, — avec plus de terreur que de joie.*

Quel moment m'est donné!
Il prie, et je dois tout accomplir!

Longue lutte intérieure. Il tire à demi son épée, puis la laisse retomber au fourreau pour essuyer de sa main la sueur froide de son front, tire enfin brusquement son épée et s'appuie dessus chancelant, fait deux pas vers le roi, puis s'arrête, fait encore un pas et s'arrête encore, illuminé par une réflexion soudaine.

Mais, j'y pense!
Il irait droit au ciel! et je le récompense
Au lieu de le punir! Voyons : un scélérat
Assassine mon père, et moi, moi, fils ingrat!
J'envoie au sein de Dieu le maudit! Ma vengeance
Est alors amitié, ma colère indulgence!
Mon père est mort sans prêtre; un grave jugement
Pèse à présent sur lui : serait-ce un châtiment
Pour son lâche assassin, que d'immoler l'infâme
Quand, prêt pour le voyage, il épure son âme?...
— Non! non! rentre au fourreau, mon épée, et tous deux
Attendons, pour frapper un coup moins hasardeux.
Et quand nous le verrons dans un accès de rage,
Ivre, au jeu, répandant le blasphème et l'outrage,
Quand il sera coupable, et non pas repentant,
Alors qu'il commettra quelque crime éclatant
Qui lui ferme à jamais le chemin de la grâce...
Frappons! frappons! afin que son talon menace
Les cieux, quand le damné, que son ange aura fui,
Tombera dans l'enfer moins noir encor que lui!
— Allons errer encor! Toi, ta prière impie
Retarde peu ta mort que le démon épie!

Il sort.

LE ROI, *se relevant.*

Les mots montent dans l'air, la pensée est en bas...
Et les mots sans pensée à Dieu n'arrivent pas!

SCENE II.

LE ROI, LA REINE, *puis,* MARCELLUS.

LA REINE, *entrant troublée.*

Sire! l'avez-vous vu?

LE ROI.

Qui?

LA REINE.

Dans le moment même,
Mon fils était ici!

LE ROI, *effrayé.*

Pour quel dessein extrême?

LA REINE.

Dieu seul le sait! Hamlet, depuis hier au soir
Que ce meurtre fatal pèse a son désespoir,
Se cache. Horatio, cherche en vain à le joindre.
On l'a revu, — le jour ne faisait que poindre,
Sur le bord de la mer, puis, pendant le convoi,
Près de l'église. Et là, dans l'instant, devant moi,
C'est bien lui qui passait, muet, rapide et sombre!
J'ai voulu l'appeler, il s'est enfui dans l'ombre!
Ah! protégez-le, sire!

LE ROI.

Oui, mais veillons sur lui!
Hier, si j'eusse été là, j'étais mort. Aujourd'hui,
Hamlet met en péril ma couronne et ma vie.
Son crime, c'est à nous que l'impute l'envie!
Et Laërte, en tous lieux, va criant contre moi.

LA REINE.

Mon fils!

LE ROI.

Rassurez-vous cependant.

A Marcellus qui entre

Ah! c'est toi,
Marcellus, que veux-tu?

MARCELLUS.

C'est la pauvre Ophélie,
Sire, qui veut entrer.

LE ROI.

Qu'elle entre.

MARCELLUS, *après une fausse sortie.*

Mais j'oublie...
Son père et son amour en un seul jour perdus,
Ont sans doute troublé ses esprits éperdus :

Nous cherchons vainement un sens à sa parole,
Et ses yeux égarés...

LA REINE.

Malheur elle aussi, folle !

LE ROI.

Mais de quoi parle-t-elle ?

MARCELLUS.

Oh ! de son père mort,
Des hommes tous méchants, — plus méchants que le sort.
Elle frappe son cœur, sanglotte, puis s'irrite,
Dit sérieusement des paroles sans suite,
Tient d'étranges discours, qui pourtant font rêver
Et qu'avec la pensée on tâche d'achever.
Ses gestes, ses regards prêtent à ses mots vagues
Le sens mystérieux du nuage et des vagues.
On sent vivre et penser son rêve ténébreux,
Car on le sent souffrir, — souffrir d'un mal affreux.

LE ROI.

Amenez-la-nous donc. — Ses paroles obscures
Feraient faire aux méchants d'affreuses conjectures.

Marcellus sort et rentre immédiatement avec Ophélie.

SCÈNE III.

LE ROI, LA REINE, OPHÉLIE, MARCELLUS.

OPHÉLIE, *entrant, les cheveux et les vêtements en désordre.*

La belle majesté du Danemark ?...

LA REINE.

Eh ! bien ?
Qu'avez vous, chère enfant ?

OPHÉLIE, *chantant.*

L'amour sincère, à quels gages
Le reconnaîtrai-je donc ?
A-t-il sandales, bourdon,
Et chapeau de coquillages ?

LA REINE.

Mais elle ne dit rien,
Hélas ! votre chanson !

OPHÉLIE.

Comment ? je vous supplie,
Écoutez :

Mort en sa jeune saison,
On l'a mis au cimetière :
A sa tête est une pierre,
A ses pieds un vert gazon.

Oh ! oh ! Dieu !

LA REINE.

Voyons, chère Ophélie !

OPHÉLIE.

Écoutez, écoutez :

Son linceul blanc comme neige
Était parsemé de fleurs,
Qu'arrosaient avec des pleurs
Les vrais amants du cortége.

LE ROI.

Oh ! qu'est-ce que ceci ?

A Ophélie.

Comment vous trouvez-vous, madame ?

OPHÉLIE.

Bien, merci !
Que le Seigneur vous garde ! On dit que la chouette
Était fille, autrefois, d'un boulanger. Pauvrette !
Hélas ! je reconnais aujourd'hui mon chemin,
Mais qui pourra me dire où je serai demain ?
Pauvre, pauvre vieillard !

LA REINE.

Elle pense à son père.

OPHÉLIE.

Nous n'allons plus parler de tout cela, j'espère !
Le sens caché ? mon Dieu ! je vais vous l'aplanir !

Voici le matin
De Saint-Valentin,
Et je viens, mutine,
Vous dire bonjour,
Pour être en ce jour
Votre Valentine !

LA REINE.

Pauvre enfant !

OPHÉLIE.

Encore un, et puis je vais finir ?

Bel ange adoré,
Je t'épouserai,
Disiez-vous naguère.
Oui, mais, entre nous,
L'amant à l'époux
Fait trop peur, ma chère.

Un officier entre et remet une dépêche au roi.

LE ROI, *lisant la dépêche.*

Une émeute !... Oh ! que faire ?

OPHÉLIE.

Attendez : tout-à-l'heure
Cela s'arrangera. — Mais, malgré moi, je pleure,
En songeant qu'ils l'ont mis en terre, tout transi !
Mon frère le saura, c'est trop juste. — Merci !
Ma voiture ? — Bonsoir. — Bonsoir, ma chère dame !

Elle sort en fredonnant.

LA REINE, *à Marcellus.*

Surveillez-la de près, en grâce, la pauvre âme !

Sort Ophélie, suivie de Marcellus.

SCÈNE IV.

LE ROI, LA REINE, *puis*, MARCELLUS.

LE ROI.

Elle a perdu son père, et c'est l'affreux poison
D'une amère douleur qui lui prend sa raison.
Gertrude, les malheurs marchent toujours par troupe
Polonius tué, le peuple qui se groupe
Autour des malveillants, et murmure tout bas,
Votre fils qui se cache et qu'on ne trouve pas,
Ophélie insensée et dont l'âme abattue
Ne laisse en s'égarant qu'une belle statue...
Enfin, pour dernier coup qui les égale tous,
Laërte furieux, révolté contre nous !
— Ce billet me l'apprend, — et que la calomnie
A sans peine excité son turbulent génie...
Un seul de ces fléaux pourrait donner la mort,
Et tous vont nous briser sous leur commun effort !

Rumeurs au dehors.

LA REINE.

Mon Dieu ! quel est ce bruit ?

LE ROI.

Holà ! quelqu'un ! mes gardes !
Qu'on défende la porte ! allons ! les hallebardes !

MARCELLUS, *entrant précipitamment.*

Oh ! fuyez, monseigneur ! l'océan courroucé
N'engloutit pas ses bords d'un flot plus insensé,
Que le jeune Laërte, en sa fureur rebelle,
Ne renverse là-bas votre garde fidèle !
La foule voit en lui déjà son souverain.
Le monde est né d'hier ! plus de lois ! plus de frein !
D'histoire ! de passé ! La populace crie :
Prenons pour roi Laerte ! et, dans leur barbarie,
, jetant leurs bonnets, d'applaudir sans effroi,

MADAME MANSON, continuant.

« Cet ennemi, qui n'a pas trompé mon attente, c'est monsieur « le comte de Saint-Andéol. »

MADELEINE.

Maurice!

MADAME MANSON, de même.

« Il a fait plus! c'est lui qui me donne les moyens de fuir. »

MADELEINE, à part.

Noble cœur!

MADAME MANSON, achevant.

« Mais les instants sont comptés; je ne puis t'attendre. Si je « parviens à franchir la ligne d'observation militaire qui est à « une lieue d'ici, je suis sauvé! Tu le sauras demain en te ren- « dant à la croix des Cinq-Routes. En cas de réussite, je trace- « rai trois marques sur la pierre... Et alors, tu m'enverrais à « Port-Maurice, en Sardaigne, le portefeuille que tu me desti- « nais. » (Fermant la lettre.) Oh! je ne manquerai pas de me rendre demain à la croix des Cinq-Routes!... Pauvre frère!... qu'il me tarde d'apprendre son sort!... Mon Dieu!... veillez sur lui!...

MADELEINE, qui a été replacer sa lanterne.

Et moi aussi je vais prier, Madame... pour qu'il lui fasse la grâce de s'échapper!

MADAME MANSON, lui tendant la main.

Chère Madeleine!... Mais maintenant il faut que je m'éloigne, que je quitte cette maison... Adieu, mon enfant!

MADELEINE.

Adieu, Madame!.. et que le ciel vous protége!... (Madame Manson fait quelques pas pour sortir; on entend du dehors dans l'allée un bruit de clés et de porte qu'on ferme.) Ah! mon Dieu! on ferme la porte de l'allée!... (En cet instant on entend un tumulte, un bruit de voix dans la salle du fond; madame Manson s'arrête effrayée.)

MADAME MANSON, bas, à Madeleine.

Et ce bruit?... Qu'est-ce que cela?

MADELEINE.

Hélas! je n'en sais rien... mais je crains quelque malheur!

MADAME MANSON.

Quelque malheur! (Nouveau bruit dans la chambre du fond.) O ciel! on dirait une querelle!... (Prêtant l'oreille.) Je ne me trompe pas!.. J'entends comme des plaintes... des cris étouffés. Que se passe-t-il donc? (Elle va pour courir au fond.)

MADELEINE, à voix basse et voulant l'arrêter.

Prenez garde!

MADAME MANSON.

Laisse-moi!... laisse-moi!... Je veux savoir... (Elle écarte Madeleine et va pour s'approcher du vitrage; mais on entend la voix de la Bancal en dehors.)

LA BANCAL, en dehors.

Vous dites qu'on a marché?... Restez!... je vais voir ce que c'est!

MADELEINE, avec effroi.

Elle vient ici! (Courant à madame Manson.) Au nom du ciel, Madame, cachez-vous!... Elle me tuerait!...

MADAME MANSON.

Me cacher!... mais où donc?...

MADELEINE, montrant le lit.

Là!... là!... (Elle la pousse derrière les rideaux du lit; mais madame Manson reste en vue du public. Madeleine a traversé vivement le théâtre et a repris sa lanterne comme pour sortir. — La Bancal paraît une lumière à la main. Madeleine s'arrête tremblante à la porte de droite.)

SCÈNE III.

MADAME MANSON, cachée, MADELEINE, LA BANCAL.

LA BANCAL, voyant Madeleine.

J'en étais sûre!... Que fais-tu ici?... je t'avais défendu d'y rester!... malheureuse!... tu nous espionnais!...

MADELEINE, tremblante.

Moi! oh! non!... non!... ne me battez pas!...

LA BANCAL, lui saisissant le bras.

Réponds!... qu'as-tu vu?... qu'as-tu entendu?...

MADELEINE.

Rien!

LA BANCAL.

Tu mens!

MADELEINE, prête à tomber à genoux.

Oh! rien!... je vous jure!

LA BANCAL.

C'est bon!... va-t'en!...

MADELEINE, à part.

O mon Dieu!... et cette pauvre dame qui est là!...

LA BANCAL, d'une voix terrible.

Va-t'en!... (La poussant.) Mais va-t'en donc!... (Elle la met brutalement à la porte dont elle tire le verrou; puis revenant en scène et à elle-même:) Pourvu qu'elle ne sache rien!... Oh!... c'est ce que j'éclaircirai plus tard... et malheur, malheur à elle, si elle a découvert quelque chose!... (En disant ces paroles elle s'est approchée du lit. Frayeur de madame Manson, qui n'ose respirer et se blottit dans la ruelle. La Bancal écarte les rideaux, approche la lumière de la figure des enfants; l'une des petites filles fait un mouvement, la mère Bancal fait un geste de surprise et de méfiance; elle se recule un peu, semblant se consulter; puis ne voyant plus bouger les enfants, elle se rapproche avec précaution, leur passe la main devant les yeux et se rassurant:) Ils dorment!... Ah! tant mieux!... (Après les avoir considérés encore un instant, elle referme les rideaux, jette un dernier regard autour d'elle, puis sort par le fond en repoussant la porte derrière elle.)

SCÈNE IV.

MADAME MANSON, seule. — Elle sort de derrière les rideaux; sa pâleur est extrême, sa voix tremblante.

Elle s'est éloignée! je respirais à peine!... la présence de cette femme me glaçait d'effroi!... Et pas moyen de fuir cette horrible maison!... (Elle tombe accablée sur la chaise qui est près du lit.)

BASTIDE, en dehors, avec force.

Signez!... signez, vous dis-je!

FUALDÈS, en dehors, d'une voix haletante.

Mais c'est un guet-apens!... une indigne violence!...

MADAME MANSON, se levant vivement.

Grand dieux!... cette voix!... Il me semble la connaître!... (Emportée par la curiosité, elle s'approche doucement du vitrage, soulève un coin du rideau, et regarde.) Fualdès!... Oh! mon Dieu!... il est au milieu d'hommes à visages sinistres... Parmi eux sont Bastide!.. Jausion!... On lui présente des papiers... du doigt Bastide lui montre la place où il doit signer... Fualdès résiste... on lui saisit le bras... (Avec joie.) Ah!... il signe!... il signe!... (Moment de silence, puis on entend encore la voix de Bastide.)

BASTIDE, en dehors.

Ce n'est pas tout de signer, il faut encore mourir!... (Nouveau bruit. — On entend jouer de l'orgue au fond, dans la rue.)

MADAME MANSON, au comble de l'effroi.

Mourir!... ils veulent le tuer!.. lui! leur parent, leur ami! (Regardant, et d'une voix altérée par l'épouvante.) O ciel!... on le saisit... on l'étend sur la table!... Et cet orgue!... cet orgue horrible!... Si je me montre... si j'appelle... ils me tueront aussi!... Que faire?... mon Dieu!... que faire?...

FUALDÈS, en dehors, d'une voix étouffée.

Grâce! grâce!... ah!... (On entend un cri déchirant.)

MADAME MANSON, jetant un cri d'horreur.

Ah!... frappé!... frappé!... (Elle tombe sans connaissance à terre, près du lit. — La porte du fond s'ouvre brusquement. La Bancal, Jausion, Bastide, se précipitent dans le cabinet.)

SCÈNE V.

MADAME MANSON, évanouie, BASTIDE, JAUSION, LA BANCAL.

BASTIDE, entrant le premier, le poignard à la main.

Nous sommes trahis! j'ai entendu un cri... il y avait quelqu'un dans cette chambre!... (Il court à la porte de droite.)

LA BANCAL.

C'est impossible! j'ai eu la précaution de fermer la porte au verrou.

JAUSION, apercevant madame Manson évanouie.

Un homme!...

BASTIDE ET LA BANCAL.

Un homme!...

BASTIDE.

Je le disais bien. (Levant son poignard.) Qu'il meure!

MADAME MANSON, qui, au bruit de leurs voix, est revenue à elle.

Grâce!... grâce!... Je ne suis qu'une femme!...

JAUSION, avec stupéfaction, la reconnaissant.

Clarisse!...

BASTIDE ET LA BANCAL.

Madame Manson!

JAUSION.

Malheureuse! que fais-tu ici?... qui t'a conduite dans cette maison?

MADAME MANSON, haletante.

Le hasard!... oui, le hasard seul...

BASTIDE, avec force.

Tu mens!

MADAME MANSON.

Eh bien, laissez-moi vivre... et je dirai la vérité... Je... je venais...

JAUSION.

Parle donc!

MADAME MANSON.

Je venais... pour embrasser mon frère.

TOUS.

Son frère!

JAUSION.

Ainsi, tu cherchais à me tromper encore?

BASTIDE ET LA BANCAL.

Qu'elle meure!

JAUSION.

Arrêtez... je demande sa vie.

BASTIDE.

Insensé! tu veux donc nous perdre par ta maudite faiblesse... Non, non... cette femme a notre secret... il faut qu'elle l'emporte dans la tombe. (Il lève le bras.)

BANCAL.

Oui... oui... il n'y a que les morts qui ne parlent pas.

JAUSION, arrêtant le bras de Bastide.

Quoi! tu es déjà embarrassé d'un cadavre, que ferais-tu d'un second?

BASTIDE, après un moment.

Eh bien! soit... tu le veux... qu'elle vive!... mais elle prêtera un serment.

MADAME MANSON, avec crainte.

Un... serment?

BASTIDE.

Oui, un serment terrible et que tu te garderas de violer sous peine de notre vengeance. (La Bancal va écarter les rideaux et ouvrir la fenêtre du fond; on aperçoit la table sur laquelle est étendu le corps de Fualdès; les complices l'entourent; la fille Benoist tient une lumière à la main.)

BASTIDE, se rapprochant de madame Manson qui, à cette vue est saisie d'épouvante.

Femme, prends ce couteau, et la main étendue vers le cadavre, jure de ne rien révéler. (Madame Manson est tombée à genoux; elle prend machinalement le poignard que lui tend Bastide.)

MADAME MANSON, cherchant à parler.

Je.. je... le...

BASTIDE.

Plus haut!... que je t'entende!...

MADAME MANSON, avec effort.

Je... je le jure!

BASTIDE.

C'est bien!... maintenant va-t'en!

LA BANCAL.

Comment! vous allez la laissez partir?

BASTIDE, à la mère Bancal.

Silence, femme... j'ai un étage. (Le rideau baisse. Tableau.)

TROISIÈME TABLEAU.

Le chemin de l'Ambergne. — Au fond, l'Aveyron. — On arrive sur la plage par un escalier tournant qui occupe toute la droite du théâtre. — En haut de ce chemin, le parapet et le quai. — A l'extrémité, donnant sur le fleuve, un réverbère. — On aperçoit, au haut du quai, les dernières maisons de la ville. — A gauche, de gros arbres, des roseaux. — Sur le devant, à droite, une espèce de ruine. — Il fait nuit noire.

SCÈNE PREMIÈRE.

SIMPLICE.

(Au lever du rideau la scène est vide. On entend au loin la voix de Simplice le pêcheur, qui chante lentement une chanson patoise.)

PREMIER COUPLET.

Baïsso té, mountagno,
Levo te, valloun;
Que tou m'empezza dé vêre
La mio zanettoun.

(Il entre par le premier plan à droite, ses filets sur l'épaule, traverse le théâtre et va à son bateau amarré au bord de la rivière, en chantant le second couplet.)

DEUXIÈME COUPLET.

Lo be tant cerçade,
Boissos per boissos,
Que zo la troubado
Commo dou garços.

(Il détache son bateau, après y avoir déposé ses filets et y être monté lui-même. En cet instant paraît Bastide, armé d'un fusil, sur le haut du quai. A la voix de Simplice il s'arrête, se baisse et avance la tête au-dessus du parapet. Simplice, qui a pris son aviron, s'éloigne dans son bateau en continuant sa chanson.)

TROISIÈME COUPLET.

Si novio no mie
Qui no messo pas,
L'habillorio di paie,
La forio nezza!

(Il disparaît.)

(Un moment après que la voix de Simplice a cessé de se faire entendre, Bastide se redresse, puis se tournant vers la droite, il fait un signe. Bientôt on voit paraître la Bancal portant une lanterne. Elle éclaire la marche de quatre hommes qui portent le cadavre dans un sac de grosse toile, recouvert de la couverture de laine qu'on a vue chez les Bancal. Vient ensuite Jausion, masqué, et portant un fusil. Puis enfin Bancal qui ferme le cortége, l'air consterné et s'appuyant sur un bâton. Ils descendent tous le chemin lentement et en silence, s'arrêtant de temps en temps pour écouter si personne ne vient. Enfin ils arrivent sur la plage. Les quatre porteurs déposent à terre leur fardeau. Puis Bastide et la Bancal, ayant été s'assurer chacun d'un côté qu'ils n'ont rien à craindre, on se met en devoir de délier les cordes qui retiennent la couverture autour du sac. Pendant ce temps, Bastide va regarder du côté du fleuve, comme pour choisir la place où on jettera le corps. Il revient, et l'indique à deux hommes qui prennent le cadavre et disparaissent par le fond à gauche, après avoir jeté la couverture à la Bancal, qui la plie et la met sous son bras. Bastide, toujours impassible, observe tout; puis, avec son chapeau, fait signe que la preuve de leur crime vient de disparaître dans le gouffre. En cet instant, on entend au loin sonner neuf heures. Les deux hommes reparaissent au comble du trouble et de l'effroi. Bastide, rassemblant tous ses complices autour de lui, leur indique qu'il est temps de se séparer, et posant son doigt sur ses lèvres, recommande à tous un silence inviolable. Ils font serment de se taire, et s'éloignent par le bas, les uns à droite, les autres à gauche. La Bancal, soutenant son mari qui semble chanceler, gravit avec lui le chemin qui mène au quai. Bastide et Jausion les suivent un instant du regard; puis ils reviennent sur le devant du théâtre et se serrent la main.)

BASTIDE, à voix basse.

Et maintenant, au château de Saint-Andéol!

(Ils se disposent à s'éloigner par le premier plan, à droite, lorsque la chanson de Simplice se fait de nouveau entendre dans l'éloignement. Ils s'arrêtent avec effroi; puis, se rassurant, finissent par disparaître. On aperçoit encore les Bancal sur le quai. La lune éclaire ce tableau. Le rideau baisse.)

Acte quatrième. — Premier tableau.

Au château de Saint-Andéol. — Un petit salon très-élégant. — Au fond, au milieu, une cheminée avec feu surmontée d'une glace sans tain.— De chaque côté de la cheminée, des portes ouvertes et donnant sur un autre salon magnifiquement éclairé. — Portes latérales; un divan à gauche. — A droite, une table de jeu. — Fleurs sur les cheminées, sur les étagères.

SCÈNE PREMIÈRE.

DAMES ET MESSIEURS, DOMESTIQUES; puis BASTIDE, JAUSION, MADAME MANSON.

(Au lever du rideau une nombreuse, et brillante société est réunie; on danse au fond la dernière figure d'un quadrille. Des domestiques en grande livrée vont et viennent, portant des rafraîchissements. Un groupe de dames, assises sur un canapé à gauche, causent avec des jeunes gens debout auprès d'elles. Des dames, des messieurs jouent au whist à la table de droite. Pendant ce temps, on voit arriver par le fond Bastide en toilette de bal, suivi de Jausion, également paré, et donnant la main à madame Manson, dont la pâleur est extrême.)

JAUSION, bas à madame Manson en l'amenant sur le canapé.

Contenez-vous, Madame; cette pâleur effrayante pourrait paraître extraordinaire aux invités de M. de Saint-Andéol!

MADAME MANSON, bas, et assise.

Pourquoi m'avoir contrainte de venir ici?...

BASTIDE, bas, et appuyé sur le dossier du divan.

Par le même motif qui nous a engagés à nous y rendre, Jausion et moi... pour détruire à l'avance jusqu'à la possibilité du soupçon.

MADAME MANSON, bas.

Oh! c'est affreux de torturer ainsi une pauvre femme!

BASTIDE.

Chut!... on nous observe!

PREMIER INVITÉ. Un des jeunes gens du groupe de droite élevant la voix.

En vérité, cette fête est magnifique!

BASTIDE, s'approchant, du ton le plus dégagé.

Merveilleuse, Messieurs!

DEUXIÈME INVITÉ.

Saint-Andéol fait splendidement les choses.

UNE DAME, jouant.

C'est une profusion princière!

PREMIER INVITÉ.

Il ne pouvait mieux inaugurer son retour à Rodez.

BASTIDE.

Mais à propos de ce cher et brillant comte, je ne l'ai point encore aperçu.

PREMIER INVITÉ.

En effet... depuis quelques instants je le cherche en vain dans les salons... Il est devenu invisible.

LA DAME, minaudant.

Comme ces génies des contes orientaux... dont, au reste, il nous retrace les merveilles.

PREMIER INVITÉ, bas, à Bastide.

Elle vise toujours au bel esprit!

BASTIDE, bas.

Et n'atteint jamais le but!...

LA DAME.

Ce dernier trait lui manquait... et il a voulu que la ressemblance fût complète... Invisible!... C'est charmant!... c'est du meilleur air!... (Jouant une carte.) Je vous demanderai du trèfle, Monsieur.

MADAME MANSON, à part.

Que je souffre!

BASTIDE, à un domestique qui entre avec un plateau.

Mais où donc est votre maître?...

LE DOMESTIQUE.

M. le comte m'a chargé de vous présenter des excuses... Il a été forcé de quitter momentanément le bal.

BASTIDE.

Comment! absent?

LE DOMESTIQUE.

Pour une heure seulement. (Il s'éloigne.)

PREMIER INVITÉ.

Allons, nous voilà sans amphitryon!

BASTIDE.

Quelle affaire si pressante a donc pu l'obliger à déserter la fête?

MADAME MANSON, à part, et avec joie.

Ah! je le devine, moi!

LA DAME, jouant toujours.

Vous verrez qu'il va nous faire quelque surprise... nous revenir par une trappe... ou sur un tapis enchanté.

PREMIER INVITÉ, bas, à Bastide.

Décidément elle y tient.

BASTIDE, bas.

Et nous n'y tenons pas! (On entend une ritournelle.)

LA DAME, se levant.

Mais voici qu'on nous appelle à la valse... Allons, Messieurs, la main aux dames! (Tout le monde se lève. Les jeunes gens offrent la main aux dames, et sortent avec elles par le fond. Les portes restent ouvertes.)

SCÈNE II.

BASTIDE, JAUSION, MADAME MANSON.

MADAME MANSON, se levant.

Eh bien! êtes-vous satisfaits? vous avez ordonné... Et celle que la fatalité a faite votre esclave... (Avec amertume.) votre complice... a obéi!... Encore toute palpitante d'horreur, elle s'est parée pour une fête... elle a caché sous des fleurs la pâleur mortelle de son front... Elle a accepté, pour venir au bal, cette main homicide que vous osiez lui offrir!... Mon supplice vous semble-t-il avoir assez duré? puis-je enfin m'éloigner?...

BASTIDE, froidement.

Non, pas encore!

MADAME MANSON.

Pas encore?... Que voulez-vous de plus?

BASTIDE.

Il faut que tout le monde vous voie ici... qu'il puisse être bien constaté que vous y êtes venue... Je vous le répète, cela importe à notre sûreté.

JAUSION.

En effet, si, malgré votre promesse, il vous prenait jamais fantaisie de parler, comment pourrait-on croire à vos révélations, quand on se rappellerait que quelques heures seulement après l'événement vous étiez à une réunion... à un bal?

MADAME MANSON.

Mais ne craignez-vous point que je ne puisse imposer à mes émotions... aux souvenirs terribles qui m'accablent?... Ma présence, au lieu de vous servir, peut vous perdre!... (On voit passer quelques personnes dans le salon du fond.)

BASTIDE, lui offrant la main de l'air le plus galant, et la faisant asseoir à droite.

Nous perdre!... vous êtes trop intéressée à nous garder le secret...

MADAME MANSON, à voix basse, mais d'un air un peu menaçant.

Qu'ai-je à redouter de vous maintenant?... je ne suis plus dans un repaire!... au milieu d'une bande d'assassins... Au premier mot... au moindre cri... vingt défenseurs accourraient à mon aide!...

JAUSION.

Malheureuse!... et votre serment!

MADAME MANSON.

Un serment arraché à la faiblesse, à la terreur d'une femme... Un serment qui a pour but de dérober des coupables à la vengeance des lois, est un serment impie!... il n'engage pas!...

JAUSION, avec effroi.

Que dites-vous?

BASTIDE, à Jausion.

Rassure-toi... (A madame Manson.) Ainsi, vous oublieriez déjà la foi des traités... et pour prix de cette existence que nous vous avons laissée, vous songeriez à nous trahir?... (Mouvement de madame Manson.) Je m'en doutais!...

JAUSION.

Toi?

BASTIDE.

Parbleu!... peut-on jamais se fier aux promesses des femmes?... (A madame Manson.) Mais je suis bien tranquille!... vous ne parlerez pas!

JAUSION.

Comment?

MADAME MANSON, qui s'est levée.

Qui m'en empêcherait?... vos menaces?... je les brave!

BASTIDE.

Plus que cela.

MADAME MANSON.

Cette reconnaissance que vous invoquez?.. Dieu me jugera!

BASTIDE.

Plus encore.

MADAME MANSON.

Mais quoi donc?

BASTIDE.

L'amour que vous avez pour votre fils!

MADAME MANSON.

Mon fils!...

JAUSION, à part.

Je comprends!... cet otage dont il nous parlait...

MADAME MANSON, à Bastide.

Mon fils, avez-vous dit? O ciel! serait-il en péril? oseriez-vous tenter quelque chose contre lui?

BASTIDE, lui saisissant la main.

J'oserai tout pour vous forcer au silence... Vous pouvez d'un seul mot nous livrer à la justice; mais tous les coupables ne sont pas ici, et le signal de notre arrestation serait celui de la mort de votre enfant.

MADAME MANSON.

Grand Dieu!

BASTIDE, d'un ton léger.

Maintenant, Madame, vous êtes libre d'appeler, de révéler à tout le monde ce que vous savez...

MADAME MANSON, brisée.

Oh! jamais!... jamais!... je me tairai... je me tairai.

BASTIDE.

C'est, je crois, entre nous, le parti le plus sage.

JAUSION, à part.

Je respire!

MADAME MANSON, à part.

O mon Dieu! ma vie est-elle donc enchaînée à ces deux misérables... (On entend au fond un grand bruit de voix.)

JAUSION, à madame Manson.

On vient!... remettez-vous...

BASTIDE, qui a été regarder.

Eh! c'est notre aimable hôte, au milieu de tous ses invités.

SCÈNE III.

LES MÊMES, SAINT-ANDÉOL, INVITÉS.

TOUS, entourant Saint-Andéol qui entre par la droite.

Le voilà! le voilà! ce cher comte.

PREMIER INVITÉ.

Arrivez donc, beau déserteur! D'honneur, vous nous manquiez!

SAINT-ANDÉOL; il porte au cou l'ordre du Saint-Esprit.

Pardon, Messieurs, et vous surtout, Mesdames, de vous avoir abandonnés si longtemps... je me reconnais coupable de félonie; mais une affaire importante, indispensable, réclamait ailleurs ma présence.

PREMIER INVITÉ.

Rien de malheureux, au moins?

SAINT-ANDÉOL.

Au contraire!... tout a réussi au delà de mes espérances!

MADAME MANSON, à part, avec joie.

Ah!...

PREMIER INVITÉ, serrant la main de Saint-Andéol.

Mes compliments, cher ami! (Il remonte parler aux invités.)

BASTIDE, s'approchant.

Permettez moi, monsieur le comte, de vous offrir mes civilités.

JAUSION, de même.

Ainsi que tous nos remerciements pour l'honneur que vous avez bien voulu nous faire ..

SAINT-ANDÉOL, s'inclinant.

Messieurs, c'est moi qui suis trop heureux... (Voyant madame Manson, passant près d'elle.) Madame Manson...

BASTIDE, légèrement.

Oui... Madame ne voulait pas venir... elle était un peu souffrante...

JAUSION.

Mais nous l'avons enfin décidée par nos sollicitations... nos instances...

SAINT-ANDÉOL.

Et je vous en sais gré, Messieurs... (Bastide et Jausion vont se mettre à la table de jeu, premier plan à droite. A madame Manson en l'amenant sur le devant.) En effet je vous trouve bien pâle... bien abattue... Un peu de fatigue, sans doute... (Baissant la voix) ou plutôt d'inquiétude...

MADAME MANSON, bas.

Ah! Monsieur...

SAINT-ANDÉOL, bas.

Calmez-vous... votre frère est parti... j'ai voulu l'accompagner moi-même jusqu'aux portes de la ville...

MADAME MANSON, bas.

Oh! merci de votre généreux dévouement.

SAINT-ANDÉOL, élevant la voix et la conduisant vers le canapé où elle s'assied.

Nous nous efforcerons de vous distraire, de vous faire oublier vos souffrances à force de plaisirs et de gaieté... (Quittant madame Manson et regardant autour de lui.) Mais parmi vous, Messieurs, je n'aperçois pas le véritable héros de la fête!... M. Fualdès?

JAUSION, tressaillant involontairement.

Fualdès!

MADAME MANSON, à part.

Ciel!

SAINT-ANDÉOL, se tournant vers Bastide et Jausion qui jouent aux cartes.

Ne l'avez-vous pas amené?...

BASTIDE, simplement.

Non!... Est-ce que vraiment il n'est pas ici?

SAINT-ANDÉOL.

Il n'y a point encore paru.

BASTIDE, battant les cartes.

C'est singulier! Il devait venir nous prendre, Jausion et moi... nous l'avons vainement attendu jusqu'à dix heures... Enfin, voyant qu'il n'arrivait pas, nous avons pensé qu'il s'était rendu directement chez vous.

SAINT-ANDÉOL.

Mais non... Je vous répète qu'il n'est pas dans le bal.

BASTIDE.

Oh! quelque affaire importante l'aura retenu sans doute...

SAINT-ANDÉOL.

Jusqu'au milieu de la nuit... mais c'est impossible.

BASTIDE.

En effet... je... (Se levant.) Ah!... attendez! je crois avoir deviné.

TOUS, se rapprochant.

Parlez!

SAINT-ANDÉOL.

Expliquez-vous!

JAUSION, à part, toujours assis.

Que va-t-il dire?

BASTIDE.

Si je ne m'abuse, cette fête était donnée en son honneur!

SAINT-ANDÉOL.

Oui, certes!...

BASTIDE.

Eh bien, vous avez compté sans sa modestie.

SAINT-ANDÉOL.

Comment?

BASTIDE.

Oui... il aura appris que vous lui ménagiez quelque ovation... il aura voulu humblement s'y dérober... et au lieu de venir nous prendre, il sera allé passer la nuit, comme cela lui arrive parfois, dans une des métairies qu'il possède aux environs de cette ville.

SAINT-ANDÉOL.

Eh quoi! vous pensez?...

BASTIDE.

Franchement, monsieur le comte, je n'ai aucun doute à cet égard.

MADAME MANSON, à part.

L'infâme!...

SAINT-ANDÉOL.

Allons, votre assurance dissipe mes inquiétudes. Je ne me serais jamais pardonné d'être la cause, même involontaire, d'un accident. (En ce moment des domestiques apportent une table contenant des pâtisseries, des rafraîchissements, qu'ils placent à gauche, et, à droite, une table chargée de punch.) Mais voici le punch, la collation; Messieurs, Mesdames, venez y faire honneur. (Les dames s'asseyent à la table de droite, les hommes entourent celle de gauche.) Il nous manque un convive; mais ce convive que je regrette vivement de ne pas voir parmi nous, ne perdra rien cependant de l'éclatante réparation qui lui était réservée...

TOUS.

Comment?

SAINT-ANDÉOL, élevant la voix.

Abusé par de fausses apparences, j'ai outragé, menacé l'homme que je devais le plus vénérer et chérir. C'est devant vous, c'est publiquement que j'ai voulu me rétracter, et je vous ai tous réunis à cette fête afin qu'aucune arrière-pensée, aucun soupçon fâcheux ne pût résulter de mes insultes. Au sauveur de mon père, Messieurs... au plus noble... au plus généreux des hommes... à M. Fualdès! (On va pour prendre les verres; au même moment on entend la voix de Remy dans la coulisse.)

SCÈNE IV.

LES MÊMES, REMY.

REMY, dans la coulisse.

Monsieur le comte! monsieur le comte!... (Entrant.) Ah! les infâmes!... les infâmes!...

TOUS, s'approchant.

Qu'y a-t-il donc?... (Les dames se lèvent.)

REMY, pâle et défait.

Ce qu'il y a?... mon Dieu!... un affreux malheur!...

TOUS.

Un malheur!...

REMY, pleurant.

Mon maître!... mon pauvre maître!...

TOUS.

Eh bien?

REMY.

Il est mort!

TOUS.

Mort!

REMY.

Ils l'ont assassiné!

TOUS.

Grand Dieu!

JAUSION, bas, à Bastide.

Comment sait-il?...

BASTIDE, bas.

Silence!

SAINT-ANDÉOL.

Assassiné!... lui!... est-il possible?...

REMY.

Hélas! ce n'est que trop vrai!... Il y a une heure... par l'ordre de Madame... je me rendais ici pour attendre et accompagner mon maître... lorsque j'aperçois la foule qui se précipitait du du côté de l'Aveyron. En proie à une terreur involontaire, j'y cours avec tout le monde, et là... là... nous voyons une femme qui poussait des cris... Elle venait de trouver, sur les bords de la rivière, un cadavre...

TOUS.

Un cadavre!

REMY.

Que les flots avaient rejeté... On l'entoure... on examine le corps... et moi... moi, je reconnais en frémissant celui pour lequel j'aurais voulu donner ma vie!...

JAUSION, bas, à Bastide.

Il est retrouvé!... c'est fait de nous!

BASTIDE, bas.

Du calme!

REMY, se retournant vers Bastide et Jausion.

Alors... sachant que vous étiez ici... vous, les amis, les parents de la victime... je suis accouru vous chercher...

BASTIDE.

Nous chercher?...

REMY.

Pour que vous annonciez cet horrible événement à notre

Et de vociférer : — vive Laërte roi !

Cris plus rapprochés.

LE ROI.

Danois ingrats ! voyez comme leur meute aboie,
Dans un joyeux élan, sur une fausse voie !

SCENE V.

Les Précédents, LAERTE, Peuple.

LAERTE, *l'épée à la main.*

Le voilà donc ce roi !

au peuple.

Restez en dehors, tous !

LE PEUPLE.

Non ! entrons !

LAERTE.

Mes amis, de grâce, laissez-nous !

LE PEUPLE.

Faisons comme il le dit !

LAERTE.

Merci ! gardez les portes !

au roi :

Infâme roi ! rends-moi mon père !

LA REINE.

Oh ! tu t'emportes,
Bon Laerte ! du calme, allons !

LAERTE.

Du calme ! eh ! quoi ?
Une goutte de sang qui serait calme en moi
M'appellerait bâtard et flétrirait ma mère !

LE ROI.

Tu regretteras l'heure où ta révolte amère
Contre ton souverain se dresse impudemment.

LA REINE.

Mon Dieu !

LE ROI, *à la reine.*

Ne craignez rien ! un divin sacrement
Marque les rois au front et sait forcer le traître
A détourner les yeux en offensant son maître.
Laerte, d'où te vient ce furieux transport ?
A la reine.
Laissez faire !

LAERTE.

Je veux, moi, mon père !

LE ROI.

Il est mort.

LA REINE.

Mais ce n'est pas le roi !

LE ROI, *à la reine.*

Paix ! qu'il parle, s'il l'ose !

LAERTE.

Mais comment est-il mort ? croit-on que rien m'impose ?
Au diable les serments et la fidélité !
Aux enfers le devoir, la foi, la loyauté !
Le dernier jour, ce monde et l'autre, peu m'importe !
Que je venge mon père, et que Satan m'emporte !

LA REINE.

Qui pourrait arrêter ce délire pervers ?

LAERTE.

Ma seule volonté, mais non pas l'univers !

LE ROI.

Parce que vous voulez, Laerte, en votre rage,
Punir un meurtrier, — faut-il, comme l'orage,
Balayer devant vous, fils pieux à demi,
Innocent et coupable, ami comme ennemi ?

LAERTE.

Rien que ses ennemis !

LE ROI.

Voulez-vous les connaître,
Laerte ?

LAERTE.

A ses amis tout mon sang, tout mon être !

LE ROI.

Eh bien ? donc, ses amis, c'est la reine, c'est moi.
Et son seul ennemi, — c'était Hamlet !

LAERTE.

Eh ! quoi ?
Est-il possible ? Hamlet, l'assassin de mon père !

LE ROI.

Pourquoi se cache-t-il ? demandez à sa mère !

LA REINE.

Hélas ! hélas ! c'est vrai. Mais il est insensé !
Vous le savez, monsieur.

LAERTE.

Moi ! tout ce que je sai,
C'est que mon père est mort, c'est qu'une main fatale
Trancha...
Apercevant Ophélie qui entre.
Ma sœur ! ma sœur ! mon Dieu ! comme elle est pâle !

SCENE VI.

Les Mêmes, OPHÉLIE, *bizarrement coiffée de fleurs et de pailles entrelacées.*

OPHÉLIE, *à son frère sans le reconnaître.*

Bonjour, prince.

LAERTE.

Elle est folle ! — O mes pleurs enflammés,
Dévorez le regard dans mes yeux consumés !
Oh ! va ! je leur ferai payer cher ta folie,
Ma sœur, rose de mai ! bonne et tendre Ophélie !
Mon Dieu ! vous laissez donc s'éteindre au même vent
Le souffle du vieillard et l'esprit de l'enfant !
L'âme qu'un amour pur exalte d'heure en heure
Laisse à l'objet aimé sa moitié la meilleure.

OPHÉLIE, *chantant.*

On l'enterra sans voiler son front pâle !
Hélas ! hélas ! trois fois hélas !
Et tous les cœurs pleurent sa mort fatale...

Adieu, mon tourtereau !

LAERTE.

Non, toute ta raison
Ne m'animerait pas contre la trahison
Autant que ce délire !

OPHÉLIE.

Eh ! chantons ! on commence.

En bas ! qu'on le porte en bas !
Hélas ! hélas ! trois fois hélas !

Un refrain bien trouvé, certes ! c'est la romance
Du méchant intendant qui, sans pitié, vola
La fille de son maître.

LAERTE.

Oh ! oui, tous ces riens là
En disent cent fois plus que des choses sensées !

OPHÉLIE, *distribuant ses fleurs.*

Pense à moi doux ami ! tiens, voici des pensées !
Et puis, du romarin, la fleur du souvenir !
Séparés, son parfum saura nous réunir !

LAERTE.

Son cœur rappelle encor sa raison disparue

OPHÉLIE, *à la reine.*

Partageons entre nous, madame, cette ruë :
Pour vous herbe de grâce, herbe de pleurs pour moi!
Voici de l'ancolie, et du fenouil, je croi,
Et puis encor, tenez, de blanches pâquerettes.
Je voulais vous donner aussi des violettes,
Mais toutes ont péri tristement, tristement,
Lorsque mon père est mort,—mort, dit-on, saintement!

Elle chante à genoux.

Le bon petit Robin,
Il fait toute ma joie!

LAERTE.

Tristesse, passion, rêverie, enfer même,
Tout en elle devient grâce et charme suprême!

OPHÉLIE.

Ses cheveux blancs comme la neige
Egalaient en douceur le lin!
J'ai vu le noir cortége.
Hélas! que Dieu protége
Le mort et l'enfant orphelin!

Ainsi que tout chrétien, — c'est là mon dernier vœu!
Le ciel soit avec vous!

Elle sort; sur un signe du roi, la reine la suit.

SCENE VII.

LE ROI, LAERTE.

LAERTE.

Vous le voyez, mon Dieu!
Il faut que je la venge! et cet Hamlet se cache!
Où trouver l'assassin, le meurtrier, le lâche?
La moitié de mes jours, pour l'avoir là vivant!

LE ROI.

Ah! que ne veniez-vous une heure auparavant

LAERTE.

Un tel crime ne peut, pour nous et pour vous-même,
Demeurer impuni, pourtant!

LE ROI.

Sa mère l'aime
Et ne vit qu'en son fils! et, je ne sais pourquoi,
Mais, malheur ou vertu, je vis en elle, moi!
L'étoile ne se meut qu'en sa sphère, et mon âme
Ne respire, ne sent, ne vit qu'en cette femme!
Puis, le peuple eut toujours Hamlet pour favori
Et ne veut pas qu'on touche à son prince chéri.
Il changerait ses fers en guirlandes de fête,
Et ma flèche, impuissante au vent de la tempête,
A mon but de vengeance au lieu d'aller toucher,
Retournerait vers l'arc et percerait l'archer

LAERTE.

Mais moi, mon père est mort! mais moi, ma sœur est folle!
Ma sœur qui, dès ce monde, avait une auréole!

LE ROI.

Laërte, — un bon conseil, qui, si tu le suivais...

LAERTE.

Vous n'allez pas, au moins, me conseiller la paix!

LE ROI.

Non, sois tranquille! guerre!

LAERTE.

Oh! oui, guerre mortelle!

LE ROI.

Si je trouve un moyen?... — ta vengeance fidèle,
N'est-ce pas? et ne craint ni délai, ni retard! —
Si je trouve un moyen de frapper sans hasard?...

LAERTE.

Oh! dites!

LE ROI.

...D'amener sous tes coups la victime,
Sans que nul dans sa mort puisse trouver un crime.

LAERTE.

Soyez la tête! allez! mais que je sois le bras!
Que je sois le poignard!

LE ROI.

Eh bien! tu le seras!
— Laërte! on vous vantait, pendant votre voyage,
En présence d'Hamlet, d'un talent de votre âge
Où l'on vous disait maître, et ce mince agrément
A rendu plus jaloux le prince, assurément!
Que tous vos autres dons, — tant la jeunesse est folle!

LAERTE.

Ce talent, quel est-il?

LE ROI.

Rien qu'un ruban frivole
Au chapeau d'un jeune homme, et qui lui sied pourtant!
Que notre habit soit sombre et le vôtre éclatant!
Nous portons le cilice, et vous portez la soie,
Vous, l'espérance, et nous, le deuil de notre joie. —
Nous avions un seigneur normand, le dernier mois;
Comment le nommait-on déjà? Lamond, je crois.
Sa mémoire de vous était tout occupée,
Mais, surtout, il vantait à votre adresse à l'épée.
Vous feriez un assaut merveilleux entre tous,
S'il s'offrait un rival un peu digne de vous,
Assurait-il. Mais bah! les escrimeurs de France,
Devant vous sur-le-champ perdant tout assurance,
N'avaient plus ni sang-froid, ni ruse, ni coup d'œil!
Et, là dessus, Hamlet, dans son jaloux orgueil,
N'eut plus, de ce moment, de souhaits et d'alarmes
Que sur votre retour, pour faire un assaut d'armes!
— Eh! bien? Laërte?...

LAERTE.

Eh! bien?

LE ROI, *brusquement après une pause.*

Aimiez-vous tendrement
Votre père? voyons! ou votre accablement
Est-il joué?

LAERTE.

Joué! vous raillez, je l'espère!

LE ROI.

Que feriez-vous donc bien pour venger votre père?

LAERTE.

Ce que je ferais?

LE ROI.

Oui.

LAERTE.

J'irais du coup mortel
Percer son assassin, — fût-ce au pied de l'autel!

LE ROI.

Bien! le lieu saint convient au meurtre expiatoire!
— Mais tenez, cher ami, si vous voulez m'en croire,
Laissez-moi tout mener, à compter d'aujourd'hui..
Quand Hamlet reviendra, nous ferons devant lui
Vanter votre talent, et rappeler l'estime
Où vous tient ce Français à l'endroit de l'escrime.
Nous amènerons bien un assaut, des paris!
Hamlet, jeune, pour qui la vie a peu de prix,
Généreux, confiant, ne va pas prendre garde
Au fleuret qu'on lui donne et l'on peut par mégarde, —

Vous présenter, à vous, un fer non émoussé...
Alors, vous comprenez? un coup bien adressé,
Et vous êtes payé du sang de votre père!
Qu'en dites-vous?

LAERTE.

Je dis: — je suis prêt à tout faire!

LE ROI.

Bien! — Je sais un poison, pour plus de sûreté,
Où l'on pourra tremper ce fer démoucheté;
Et l'étrange vertu de la liqueur est telle
Qu'une simple piqûre est la mort avec elle!

LAERTE.

Tout est bon à ma rage!

LE ROI.

Il faudrait agencer
Quelque arrière projet qui viendrait remplacer
Notre premier essai, s'il nous manquait en route.

Réfléchissant.

Un moment! attendez! oui, c'est cela! sans doute!
On engage sur vous des paris importants...
J'y suis! Quand vous serez échauffés, haletants,
Poussez-le-moi ferme! Hamlet, la chose est sûre,
Va demander à boire... et, si quelque blessure
L'a déjà frappé, l'eau qu'on lui versera,
Fît-il qu'y egoûter, nous en délivrera.

Apercevant la reine qui entre éplorée.

reine!

SCENE VIII.

LES MÊMES, LA REINE.

LE ROI.

Oh! qu'est-ce encor?

LA REINE.

Mon âme est foudroyée
Par un nouveau malheur! Ophélie — est noyée.

LAERTE.

Qui? ma sœur! noyée! où?

LA REINE.

Dans le prochain ruisseau,
Un vieux saule en rêvant mire au cristal de l'eau
Ses rameaux éplorés aux teintes monotones.
C'est là qu'ayant tressé de bizarres couronnes,
Elle voulut suspendre au feuillage ployé
Son trophée odorant... Mais sous son petit pié
Une branche se brise, et la pauvre enfant tombe,
Avec toutes ses fleurs, au noir ruisseau, sa tombe! —
— Et, d'abord, ses habits étalés et flottants
La soutiennent sur l'eau pendant quelques instants. —
On aurait dit de loin une blanche naïade.
Riante, elle chantait des fragments de ballade,
Frappait l'onde en jouant, sans souci du danger,
Et, comme un cygne, calme, elle semblait nager.
Mais ce ne fut pas long! car l'eau trempait sa robe,
Et la pauvre petite au ciel bleu se dérobe,
Et la vague, éteignant sa vie et son accord,
De sa douce chanson l'entraîne dans la mort!

LAERTE.

[emporte

Morte! ô Dieu! mon pauvre ange! oh! mais c'est qu'elle
Mon espoir et ma vie! elle est morte! elle est morte!

LE ROI, *bas.*

Morte aussi par Hamlet!

LAERTE.

Par Hamlet! mais je veux
Que ce bras, d'un seul coup, les venge tous les deux!

DEUXIÈME PARTIE.

Un cimetière.

SCENE I.

DEUX FOSSOYEURS, *creusant une fosse.*

PREMIER FOSSOYEUR.

Peut-on en terre sainte enterrer sans blasphème
Celle qui va chercher son salut d'elle-même?

DEUXIÈME FOSSOYEUR.

Le *coroner* l'a dit; toi, creuse en attendant!

PREMIER FOSSOYEUR.

Elle s'est donc noyée à son corps défendant?

DEUXIÈME FOSSOYEUR.

La loi l'a reconnu.

PREMIER FOSSOYEUR.

La raison le réprouve

DEUXIÈME FOSSOYEUR.

Tu crois au suicide?

PREMIER FOSSOYEUR.

Et, de plus, je le prouve.
Se noyer est un acte, on le peut établir;
Or, l'acte a trois degrés: agir, faire, accomplir.
Ergò, c'est à dessein que se noya la belle!

DEUXIÈME FOSSOYEUR.

Mais, mon bon fossoyeur....

PREMIER FOSSOYEUR.

O la tête rebelle!
Permets. Voici l'eau, bien! voilà l'homme, très-bien!
Si l'homme va dans l'eau se noyer comme un chien,
C'est lui qui s'est noyé, mon cher, il a beau dire!
Mais si c'est l'eau qui vient chercher l'homme et l'attire
Alors, il ne s'est pas noyé lui-même.

DEUXIÈME FOSSOYEUR.

Et moi
Je te dis qu'aujourd'hui l'on torture la loi:
Maintenant, veux-tu voir au fond de ce mystère?
C'est qu'elle est de noblesse! et sans honte on l'enterre
En un lieu consacré.

PREMIER FOSSOYEUR.

Oui, tout est pour le rang!
Et l'on ne pourra pas, parce qu'on n'est pas grand,
Se pendre ou se noyer! On est chrétien, en somme!
Viens, ma pioche, c'est toi qui fais le gentilhomme!
Le premier gentilhomme était un jardinier.

DEUXIÈME FOSSOYEUR.

Un jardinier!

PREMIER FOSSOYEUR.

Adam! — tu ne pourras nier
Qu'il ne soit notre tige à tous tant que nous sommes?
Or, quelle arme portait ce grand-père des hommes?
Une pioche.

DEUXIÈME FOSSOYEUR.

C'est juste.

PREMIER FOSSOYEUR.

Une autre question.

DEUXIÈME FOSSOYEUR.

Laquelle?

PREMIER FOSSOYEUR.

Écoute bien. Quelle habitation
Dure plus qu'un vaisseau? — qu'un palais?

DEUXIÈME FOSSOYEUR.

Beaux mystères !
Un gibet ! Il survit à mille locataires.

PREMIER FOSSOYEUR

Je vois que le gibet te va.

DEUXIÈME FOSSOYEUR.

Sot animal !

PREMIER FOSSOYEUR.

Sans doute, le gibet est pour ceux qui font mal !
Et toi, tu faisais mal, et je m'en formalise !
En disant qu'un gibet dure plus qu'une église.
Or, le gibet te va.

DEUXIÈME FOSSOYEUR.

Donc, la solution ?...

PREMIER FOSSOYEUR.

Est autre.

DEUXIÈME FOSSEYEUR

Tu disais : quelle habitation
Dure le plus longtemps ?

PREMIER FOSSEYEUR.

Oui, trouve la réponse.
J'écoute.

DEUXIÈME FOSSOYEUR.

M'y voilà ! c'est...

PREMIER FOSSEYEUR.

C'est ?...

DEUXIÈME FOSSOYEUR.

Bah ! j'y renonce !

PREMIER FOSSEYEUR.

Va ! ne tourmente pas ton cerveau sans motif !
A quoi servent les coups lorsque l'âne est rétif ?
Désormais, sans te perdre en une route fausse,
Dis : le plus sûr abri c'est notre œuvre, — une fosse !
Le jugement dernier doit seul en voir la fin ! —
Et va moi, là-dessus, chercher un coup de vin !
Le deuxième fossoyeur sort. Hamlet et Horatio entrent.

SCENE II.

HAMLET, HORATIO, PREMIER FOSSOYEUR.

PREMIER FOSSOYEUR, *chantant.*

O femme au cœur rebelle,
Alors que tu m'aimais,
Tu me disais, ma belle,
Je veux t'être fidèle.
Fidèle à tout jamais.

HAMLET.

A-t-il le sentiment de ce qu'il fait, ce drôle,
Ou ce triste métier pour lui n'est-il qu'un rôle ?
Vois donc, Horatio, ce joyeux fossoyeur !
Parmi ces morts connus il marche sans frayeur
Et chante, insoucieux, lui près de qui tout tombe !
Une chanson d'amour en creusant une tombe.

HORATIO.

L'état qu'il fait toujours sur lui n'a plus d'effet.

HAMLET.

C'est vrai : la main oisive a le tact plus parfait.

PREMIER FOSSOYEUR, *chantant.*

J'ai tenu ma parole,
Ainsi qu'au premier jour.
Mais toi, femme frivole,
Comme l'oiseau s'envole,
Tu quittas mon amour.
Il déterre un crâne.

HAMLET.

Ce crâne eut une langue, et qui chantait de même !
On le roule à présent, sans qu'il crie au blasphème,
Tout comme si c'était l'occiput de Caïn.
Le crâne que du pied mène ce vil coquin
Appartenait peut-être à quelque politique,
Qui jadis mena Dieu d'un doigt diplomatique.
N'est-ce pas fort possible ?

HORATIO,

Oui, sans doute, seigneur !

HAMLET

Ou bien c'était le chef d'un maître flagorneur,
D'un courtisan expert, à l'échine flexible,
Dont le front sans rougeur, aux dégoûts insensible,
Était toujours riant, pourvu que monseigneur
De lui pendre un cordon au cou lui fît l'honneur.
Qu'en dit mon philosophe ?

HORATIO.

Eh ! que cela peut être.

HAMLET.

Maintenant, monseigneur Ver de Terre est le maître
De ce museau rongé, pauvre débris railleur
Qu'avec un fer brutal caresse un fossoyeur !
Changement et leçon ! Les jours, les mois, par mille
Formaient ces os... pourquoi ? pour faire un jeu de quille !
Je sens, en y songeant, frémir mes os, à moi !

LE FOSSOYEUR, *chantant.*

Mais la mort inféconde
Qu'on ne peut détourner,
M'a pris faisant sa ronde,
Et m'a dans l'autre monde
Envoyé promener.
Il déterre un autre crâne.

HAMLET.

Un crâne encor ! Serait-ce à quelque homme de loi ?
Et pourquoi pas ? Où sont maintenant ses finesses,
Ses clauses, ses détours et ses délicatesses ?
Avec un outil sale il se laisse cogner
Par un vilain rustaud sans le faire assigner,
Tant il est pacifique ! — Hélas ! on le déterre,
Et peut-être c'était un gros propriétaire,
Avec titres, garants, droits, cautionnements,
Hypothèques !.. La fin de ses accroissements
Et de ses sûretés, c'est d'avoir, en échange
D'un bel et bon cerveau, de belle et bonne fange.
Au fossoyeur.
Combien peut-on rester en terre sans pourrir ?

LE FOSSOYEUR.

Si l'on n'est pas pourri, dam ! avant de mourir...
— Nos carcasses, monsieur, sont parfois gangrenées ! —
Un corps peut vous durer de trois à neuf années.
Par exemple, un tanneur se conserve neuf ans.

HAMLET.

Un tanneur ! et pourquoi dure-t-il plus longtemps ?

LE FOSSOYEUR.

Sa peau, par son travail rendue imperméable,
Ne prend pas l'eau du tout, et rien n'est détestable
Comme l'eau, voyez-vous, pour nos maudits corps morts
Celui-ci, qu'en bêchant, voyez, j'ai mis dehors,
Est là depuis vingt ans, et plus.

HAMLET.

A qui ce crâne ?

LE FOSSOYEUR.

Devinez ! au plus fou des fous !

HAMLET.

Que Dieu me damne,
Si je puis deviner !

LE FOSSOYEUR.

L'extravagant maudit !
Sur ma tête, un beau jour, monsieur, il répandit
Tout un flacon de vin du Rhin ! C'est la caboche
D'Yorick, fou du roi, qui joue avec ma pioche.

HAMLET, *ramassant le crâne.*

Cela?

LE FOSSOYEUR.

Certainement.

HAMLET.

Pauvre Yorick ! hélas !
Je l'ai connu ! rieur, toujours prêt, jamais las !
Un esprit si fertile ! une verve si drôle !
Il m'a plus de cent fois porté sur son épaule,
Et sa vue à présent me fait bondir le cœur !
Où donc est cette lèvre au sourire moqueur
Que j'ai cent fois baisée ? Où sont vos railleries,
Vos chansons, vos éclairs et vos espiègleries
Qui faisaient d'un festin un délire entraînant ?
Eh ! quoi ! pas un lazzi pour railler maintenant
Votre affreuse grimace ? Eh ! quoi ? lèvres ni joue,
Plus rien ! — Pauvre Yorick ! va faire ainsi la moue
Au miroir d'une belle, et, là, dis-lui tout bas,
Tandis qu'elle s'occupe à doubler ses appas,
Dis-lui, pauvre Yorick ! dis-lui qu'elle a beau faire,
Que le corps, ici bas, appartient à la terre,
Qu'hélas ! nous sommes tous les jouets du hasard,
Et qu'elle cache en vain ses rides sous le fard ;
Le temps au jour fixé réclamera sa dette :
Le fard cache la joue, et la joue — un squelette !
Lui révélant ainsi l'avenir inconnu,
Près de son front paré va poser ton front nu,
Et tu verras, bouffon, si cela la fait rire !

A Horatio.

— Ami, réponds un peu.

HORATIO.

Monseigneur n'a qu'à dire.

HAMLET.

Penses-tu qu'Alexandre ait eu cet air boudeur,
Dans son tombeau ?

HORATIO.

Mais oui !

HAMLET, *jetant le crâne.*

Pouah ! et cette odeur ?

HORATIO.

La même absolument !

HAMLET.

A quelle fin grossière
Nous pouvons arriver ! En suivant la poussière
D'Alexandre le Grand en chaque état, — bientôt,
On peut la trouver cruche à la main d'un rustaud.

HORATIO.

C'est trop subtilement envisager les choses !

HAMLET.

Mais non ! rien que de simple en ces métamorphoses !
Rien qu'on puisse nier ! Tiens ; Alexandre est mort, —
On le met au tombeau ; — là, tous en sont d'accord,
Il redevient poussière ; — et sa cendre est de terre,
Et la terre est argile, — et, sans plus de mystère,
De l'argile qui fut Alexandre le Grand
Un potier peut bien faire un pot, au demeurant !
L'impérieux César, mort, redevenu boue,
Peut remplir une fente où la bise se joue,
Et l'argile qui tint en suspens l'univers
Va plâtrer un vieux mur rongé par les hivers !

SCÈNE XI.

LES MÊMES, LE ROI, LA REINE, LAERTE, UN PRÊTRE, *toute la cour suivant processionnellement un convoi.*

HAMLET.

Mais silence ! le roi ! toute la cour ! la reine !
Quel convoi suivent-ils ? Celui que l'on amène
D'une main violente a mis fin à ses jours ;
Car, point de croix, vois-tu ? C'est un noble toujours !
Observons.

LAERTE, *au moine.*

N'est-il plus d'autres cérémonies,
Dites ?

HAMLET.

Laerte !

LE PRÊTRE.

Non !

LAERTE.

Quoi ! toutes sont finies ?

LE PRÊTRE.

Nous ne pouvons rien faire au-de-là, monseigneur.
Sa mort était suspecte, et c'est assez d'honneur !
Car, vous voyez, elle a la couronne des vierges,
Les cloches de l'église, et les fleurs et les cierges.

LAERTE.

Ne peut-on rien de plus ?

LE PRÊTRE.

Ce serait profaner
Le service des morts, monsieur, que d'entonner
Un pieux *Requiem* et d'implorer pour elle
Le repos, qui n'est fait que pour l'âme fidèle.

LAERTE.

Soit ! je confie alors, dans ce suprême adieu,
Son beau corps à la terre et sa belle âme à Dieu,
Pour qu'ils fassent, cléments en leurs métamorphoses,
Avec cette âme un ange, avec ce corps des roses ! —
Ophélie ! au revoir dans des mondes meilleurs !

HAMLET

Grand Dieu ! c'est Ophélie !

LA REINE, *jetant des fleurs sur le cercueil.*

O fleur, reçois ces fleurs !
Déjà je te voyais ma fille bien-aimée,
Déjà j'ornais de fleurs votre couche embaumée,
Et je ne donne hélas ! de fleurs qu'à ton cercueil !
Adieu, pauvre Ophélie !

LAERTE.

Oh ! tombe un triple deuil
Sur le lâche assassin qui causa ta folie !
Attendez. Un dernier baiser, mon Ophélie !

Aux fossoyeurs.

Maintenant, enterrez la morte et le vivant,
Jusqu'à ce que la tombe aux astres s'élevant
Dépasse Pélion et l'Olympe bleuâtre !

HAMLET, *s'avançant.*

Quel est celui de qui la douleur de théâtre
Voudrait, souffrant devant un parterre de dieux,
Éteindre de ses pleurs les étoiles des cieux ?
C'est moi, qui suis Hamlet !

LAERTE, *tirant son épée.*

Que l'enfer ait ton âme !

HAMLET.

La prière est impie ! Au fourreau cette lame !
Et reculez, monsieur ! Je suis paisible et doux,

Mais il est plus prudent de prendre garde à vous!

LA REINE.

Hamlet! Hamlet!

TOUS.

Messieurs!

HORATIO.

Seigneur!

LE ROI.

Qu'on s'interpose!

HAMLET.

Voulez-vous donc lutter tous deux pour cette cause,
Jusqu'à ce que nos yeux soient fermés à jamais?

LA REINE.

Pour quelle cause, ami?

HAMLET.

Pour elle! — je l'aimais!
Et j'égale en amour quarante mille frères!

LA REINE.

Hamlet! mon cher Hamlet! pas d'éclats téméraires!
— Il est fou, cher Laërte, épargnez-le, pour Dieu!

HAMLET.

Dis! que ferais-tu donc pour elle? dis un peu!
Gémir comme un enfant? pleurer comme une femme?
Eh! bien, c'est la douleur qu'on retrouve en toute âme!
Combattre sur sa tombe aux yeux des spectateurs?
Ainsi feraient des fous ou des gladiateurs!
Nous retirer chacun dans quelque cloître austère,
Et, là, le front courbé, l'œil fixé vers la terre,
A chaque fois que l'un à l'autre ira s'offrir,
Échanger entre nous ces mots : Il faut mourir! —
Dis, veux-tu tout cela? ma douleur est trop fière,
Pour laisser mes regrets d'un seul pas en arrière!
Ou n'est-ce point assez? et veux-tu, me bravant,
M'offrir de t'enterrer avec elle vivant?
Soit! j'y consens encor! Tu parles de montagnes?
Qu'on entasse sur nous collines et campagnes,
Par millions d'arpents, jusqu'à ce que le tas,
A la zône torride étendant son amas,
Fasse le mont Ossa petit comme un atôme!
Ordonne, j'obéis! parle! et je suis ton homme!

LA REINE, *à Laërte.*

Laissez passer l'accès! et vous allez le voir
Reprendre la douceur morne du désespoir
Et ce rêve attristé que rien ne peut distraire.

HAMLET, *à Laërte après un silence.*

Pourquoi m'en voulez-vous? je vous aimais, mon frère!

LA REINE.

Horatio, suivez de grâce tous ses pas!

Hamlet s'agenouille un instant devant la tombe et sort emmené par Horatio.

LE ROI, *bas à Laërte.*

Souvenez vous d'hier, et ne vous troublez pas!
Allons! du calme, ami! Bientôt sur cette tombe
Nous pourrons apporter une humaine hécatombe!

ACTE CINQUIÈME.

La salle du premier et du troisième acte. — Le théâtre a été enlevé.

SCÈNE I.

HAMLET, HORATIO, GUILDENSTERN.

HAMLET, *entrant.*

Bonjour, Horatio! Monsieur, je suis tout vôtre!
Mes amis, donnez-moi votre main l'un et l'autre!

GUILDENSTERN.

Si votre Seigneurie en avait le loisir
J'aurais à l'informer, altesse, d'un désir
De sa Majesté.

HAMLET.

Bien! ma Seigneurie est prête.
On a fait ce chapeau pour vous couvrir la tête,
Monsieur.

GUILDENSTERN.

Non! cela m'est plus commode, en honneur!
— Laërte est récemment de retour, monseigneur.
Ah! c'est un gentilhomme étonnant, admirable,
De langage charmant, et de mine adorable!
A le considérer enfin sous son vrai jour,
On peut dire — qu'il est le phénix de la cour!

HAMLET.

Oui, ce signalement, monsieur, est authentique,
Au point que la mémoire avec l'arithmétique
Se brouillerait bientôt à compter ses vertus;
Car c'est un cavalier, comme l'on n'en voit plus!
Un esprit rare! étrange! unique! inimitable!
Et dont son miroir seul peut offrir le semblable!

GUILDENSTERN.

Comme vous l'exaltez avec conviction!

HAMLET.

Je l'embaume, avec vous, dans l'admiration.
Mais arrivons au fait dont les mots sont l'écorce.

GUILDENSTERN.

Depuis longtemps, seigneur, vous connaissez sa force...
Je parle de sa force aux armes seulement,
Où nul ne le dépasse, incontestablement!
Or, le roi contre lui gage six juments noires,
Et lui douze poignards avec leurs accessoires,
Ceinturons, baudriers, douze poignards français.

HAMLET.

Et l'objet du pari?

GUILDENSTERN.

Mais vos communs succès.
Le roi sur douze coups a soutenu que certe
Vous ne seriez touché que trois fois, et Laërte
Gage pour neuf sur douze. Et, si vous répondez,
Leurs débats sur-le-champ pourront être vidés.

HAMLET.

Un assaut! quand sa sœur, hier, à peine succombe!
Les anciens célébraient leurs jeux sur une tombe,
C'est vrai! Puisqu'aujourd'hui ce désir est le sien,
Faisons comme on faisait, monsieur, au temps ancien.

GUILDENSTERN.

Vous y consentez donc, prince?

HAMLET.

Je suis bon diable,
Et veux tout ce qu'on veut! — O frère inconsolable!
Ton immortel chagrin est mort depuis hier!
Dans cette galerie où je viens prendre l'air,
Apportez les fleurets, et, si le roi s'y prête,
Si Laërte persiste encore et le souhaite,
Nous ferons nos efforts pour qu'il perde avec nous;
Sinon, nous en serons pour la honte et les coups

GUILDENSTERN.

C'est là votre réponse?

HAMLET.

Oui, pour le sens utile.
Vous pourrez l'embellir des fleurs de votre style.

GUILDENSTERN

Leurs majestés vont donc venir sous peu d'instants,
Avec toute la cour.

HAMLET.

Fort bien ! je les attends.

GUILDENSTERN.

Mon prince, avant l'assaut, la reine vous supplie
De tendre au moins la main au frère d'Ophélie.

HAMLET.

Oui, de grand cœur, monsieur. Adieu.

GUILDENSTERN.

Mon dévouement
Se recommande à vous !

Il sort.

SCÈNE II.

HAMLET, HORATIO.

HAMLET.

Il a raison, vraiment,
De se recommander lui-même ! Tête folle !
Mannequin raide et creux de la mode frivole !
Bulle où mille reflets peuvent briller souvent !
Mais qu'on souffle dessus, que reste t-il ? du vent.

HORATIO.

Monseigneur, vous perdrez ce pari.

HORATIO.

Non, je pense.
Je me suis exercé pendant sa longue absence,
Il me fait avantage, et je serai vainqueur...
— Oh ! mais si tu savais quel poids j'ai sur le cœur !
Bah ! qu'importe ?

HORATIO.

Pourtant...

HAMLET.

Rien ! caprice de l'âme !
Pressentiments d'enfant à troubler une femme!

HORATIO.

Obéissez, cher prince, à ce trouble secret,
Je vais leur annoncer que vous n'êtes pas prêt.

HAMLET.

Non ! je suis prêt pour tout, — et même pour la tombe !
Il faut l'arrêt de Dieu pour qu'un passereau tombe.
Il viendra tôt ou tard mon grand jour inconnu,
Et, s'il n'est à venir, c'est donc qu'il est venu !
Demain, ce soir, que fait l'heure où l'on abandonne
L'avenir — qu'on n'a pas, que jamais Dieu ne donne ?
Etre prêt ! tout est là ! Marchons notre chemin.

SCÈNE III.

LES MÊMES, LE ROI, LA REINE, LAERTE, GUILDENSTERN, ROSENCRANTZ, COURTISANS.

LE ROI, *mettant la main de Laërte dans celle d'Hamlet.*

Venez, Hamlet, venez, et prenez cette main.

HAMLET, *à Laërte.*

Pardonnez-moi, monsieur. L'offense faite à l'homme
J'en demande pardon, Laërte, au gentilhomme.
Vous savez, ma raison souffre cruellement,
Et ce n'était pas moi, mais cet égarement,
Plus ennemi d'Hamlet que de Laërte même,
Qui blessait votre honneur, bon compagnon que j'aime.
Ainsi, je vous demande excuse — devant tous.
Et ne serais pas plus innocent, voyez-vous,
Si, lançant au hasard des traits, pour me distraire,
Par dessus quelque mur, j'avais blessé mon frère.

LAERTE.

Vous venez d'apaiser mon âme, monseigneur.
Mais puis-je regarder comme intact mon honneur,
Et serrer cette main, si chère à tant de titres ?
C'est ce que jugeront, s'il vous plaît, des arbitres.
Jusque-là toutefois, satisfait à moitié,
Je reçois en ami vos efforts d'amitié.

HAMLET.

Oh ! j'en suis bien heureux ! Plus de débats contraires !
Et disputons gaîment notre gageure en frères.
— Les fleurets ? — Je ne puis qu'être votre plastron,
Et vais, à vos succès ajoutant un fleuron,
Vous servir seulement de repoussoir et d'ombre.
L'étoile a plus d'éclat quand la nuit est plus sombre

LAERTE.

Vous me raillez ?

HAMLET.

Non pas.

LE ROI.

Guildenstern, les fleurets ?

A Hamlet.

Vous savez la gageure ?

HAMLET.

Et j'ai mille regrets
De vous la faire perdre.

LE ROI.

Oh ! je suis sans alarmes !
Je vous ai vus tous deux, messieurs, faire des armes.
Il est plus exercé, mais il vous rend des points.

LAERTE, *choisissant un fleuret.*

Ce fleuret est trop lourd; bon ! celui-ci l'est moins.

HAMLET, *choisissant à son tour.*

Sont-ils tous de longueur ?

GUILDENSTERN.

Oui, tous.

HAMLET.

J'ai mon affaire.

LE ROI.

Les flacons ? Si mon fils touche son adversaire
Dans les trois premiers coups, faites pour le fêter
Tirer tous les canons ! et je prétends jeter
Dans ma coupe en buvant la perle la plus belle
Dont un roi puisse orner sa couronne nouvelle.
Et clairons au palais, canons sur les remparts,
Échos au ciel, que tout dise de toutes parts :
Le roi boit à son fils ! — La reine vous regarde
Allez, messieurs !

Le roi et la reine ont pris place sur le trône.

HAMLET.

Laërte, en garde !

LAERTE.

Hamlet, en garde !

Ils commencent l'assaut.

HAMLET.

Touché !

LAERTE.

Non

HAMLET, *aux assistants*

Décidez.

GUILDENSTERN.

Touché! certainement!

Fanfares et canons.

LAERTE.

Allons! recommençons.

LE ROI.

Cher Hamlet, un moment!
Je bois à toi.

Il boit et jette le poison dans la coupe.

Voici ta perle. Qu'on lui passe
La coupe.

HAMLET, *au serviteur qui lui apporte la coupe.*

Non : je veux achever cette passe.
Mettez la coupe là.

Assaut. Il touche Laërte.

Touché! qu'en dites-vous?

LAERTE.

Oui, touché! j'en conviens.

LE ROI.

La fortune est pour nous!

Fanfares et canons.

LA REINE, *descendant du trône et prenant la coupe empoisonnée*

Hamlet! ta mère boit à ton succès!

HAMLET.

Madame!
Trop bonne!

LE ROI, *bas à la reine.*

Ne bois pas, Gertrude, sur ton âme!

LA REINE.

Quoi! je ne boirais pas à mon fils, par hasard!
Pourquoi?

Elle boit.

LE ROI, *bas à Laerte.*

C'est le poison! Dieu juste! il est trop tard!

LA REINE, *offrant la coupe à Hamlet.*

Hamlet! à toi!

HAMLET.

Merci, madame : tout à l'heure.

LAERTE, *bas au roi.*

Oh! je vais le toucher cette fois!

LE ROI, *bas à Laerte.*

Oui! qu'il meure!

LAERTE, *à part.*

Pourtant, je le sens là, c'est un crime, mon Dieu!

HAMLET.

A la troisième, ami, jouez tout votre jeu;
Car votre habileté, j'en ai peur, me regarde
En enfant, et m'épargne.

LAERTE.

Ah! vous raillez! en garde!

Assaut.

GUILDENSTERN.

Rien des deux parts.

Hamlet lie le fleuret de Laerte et le lui fait sauter des mains, puis le ramasse et présente le sien à Laerte.

LAERTE.

Pardon! mais vous m'offrez, je crois,
Votre fleuret?

HAMLET, *courtoisement.*

Sans doute, eh! bien?

LAERTE, *à part,*

C'est fait de moi!

HAMLET.

Touché!

LAERTE.

Mort!

LE ROI.

Arrêtez le combat! c'est à peine
S'ils se possèdent!

HAMLET.

Non encore!

La reine tombe en défaillance.

HORATIO.

Ô ciel! la reine!

GUILDENSTERN, *courant à Laërte.*

Son sang coule!

HAMLET, *courant à la reine.*

Oh! ma mère! il la faut secourir!

GUILDENSTERN.

Qu'as-tu? Laërte?

LAERTE, *chancelant.*

J'ai — que nous allons mourir!
Que je suis à la fois assassin et victime!
Pris à mon propre piége!

HAMLET, *penché sur la reine.*

Oh! ma mère! est-ce un crime?

LE ROI.

Non, en voyant le sang couler...

LA REINE.

Non, trahison!
La coupe! cher Hamlet! la coupe! du poison!

HAMLET.

Infamie! oh! fermez les portes tout de suite,
Et trouvons le coupable.

LAERTE.

Il n'est pas loin! viens vite!
La reine a bu la mort, rien ne peut la sauver!
Hamlet! je ne dois pas, non plus, me relever,
Tout secours serait vain, ma vie est condamnée!
Et l'arme — est dans tes mains, regarde, empoisonnée!
Et le bourreau — se meurt à tes genoux, c'est moi!
Mais le double assassin, — le voilà! c'est le roi!

HAMLET.

J'ai l'arme empoisonnée! alors, poison, à l'œuvre!

Il frappe le roi.

GUILDENSTERN.

Trahison!

LE ROI, *blessé*

Ah!

HAMLET, *redoublant.*

Meurs donc de ton venin, couleuvre!

LE ROI.

Je ne suis que blessé, mes amis! au secours!

HAMLET, *le forçant à boire la coupe.*

Inceste et meurtrier! vide ceci, toujours!
Bois, maudit! trouves-tu ta perle?

L'Ombre apparaît, visible pour Hamlet seulement.

L'Ombre! l'Ombre!
Viens voir tes meurtriers mourir, fantôme sombre!

Aux courtisans, sur un signe de l'Ombre.

Et vous tous, laissez-nous!

Les courtisans hésitent; il brandit son fleuret.

Qu'un de vous fasse un pas,
Il n'en fera pas deux! Je suis roi, n'est-ce pas?
Roi de votre existence et de leur agonie!

LE ROI.

Mon frère!

LA REINE.

Mon époux!

LAËRTE, *à l'Ombre.*

Grâce!

L'OMBRE.

Oui, ton sang trop prompt t'entraîna vers l'abîme,
Laërte, et le Seigneur t'a puni par ton crime.
Mais tu le trouveras, car il sonde les cœurs,
Moins sévère là-haut. Laërte, — prie et meurs!

Laerte meurt.

LA REINE.

Pitié! pitié!

L'OMBRE.

Ta faute était ton amour même,
Il sied qu'entre nous cinq la pièce soit finie!
Sortez tous!

Intimidés, ils sortent lentement.

A présent, mourants, le voyez-vous?

LAERTE.

Dieu puissant! le roi mort!

Ame trop faible, et Dieu vous aime quand on aime!
Va, ton cœur a lavé sa honte avec ses pleurs:
Femme ici, reine au ciel, Gertrude, — espère et meurs!

Gertrude meurt.

LE ROI.

Pardon!

L'OMBRE

Pas de pardon! Va, meurtrier infâme!
Pour tes crimes hideux, dans leurs cercles de flamme,
Les enfers dévorants n'ont pas trop de douleurs!
Va, traître incestueux! va! — désespère et meurs!

Claudius meurt.

HAMLET.

Et moi? vais-je rester, triste orphelin, sur terre,
A respirer cet air imprégné de misère?
Tragédien choisi par le courroux de Dieu,
Si j'ai mal pris mon rôle et mal saisi mon jeu,
Si, tremblant de mon œuvre et lassé sans combattre,
Pour un que tu voulais, j'en ai fait mourir quatre, —
Est-ce que Dieu sur moi fera peser son bras,
Père? et quel châtiment m'attend donc?

L'OMBRE.

Tu vivras!

FIN.

www.ingramcontent.com/pod-product-compliance
Ingram Content Group UK Ltd.
Pitfield, Milton Keynes, MK11 3LW, UK
UKHW032018260826
14628UKWH00006B/2556

9 782014 452860